元智通識叢書教育系列

卓越創新在大學

王立文 等著

元智大學人文通識倫理辦公室
通識教育中心

文史哲出版社印行

國家圖書館出版品預行編目資料

卓越創新在大學 / 王立文等著. 初版. -- 臺
北市：文史哲, 民95.
頁： 公分（元智通識叢書教育系列）
含參考書目
ISBN 978-957-549-696-8 (平裝)

1.高等教育 － 論文，講詞

525.07   95026051

元智通識叢書教育系列

卓越創新在大學

著　　者：王　　立　　文　　等
著作財產權人：王　　立　　文
倡　印　者：元　　智　　大　　學
　　　　桃園縣中壢市內壢遠東路一三五號
　　　　電　話：886-3-4638800
出　版　者：文　史　哲　出　版　社
　　　　http://www.lapen.com.tw
登記證字號：行政院新聞局版臺業字五三三七號
發　行　人：彭　　正　　雄
發　行　所：文　史　哲　出　版　社
印　刷　者：文　史　哲　出　版　社
　　　　臺北市羅斯福路一段七十二巷四號
　　　　郵政劃撥帳號：一六一八〇一七五
　　　　電話886-2-23511028 · 傳真886-2-23965656

實價新臺幣一八〇元
中華民國九十五年（2006）十二月初版

序

　　校園中不能沒有兩種以上的聲音，如果只有一種聲音，那決不能稱之為大學，兼容並蓄，有容乃大，粗略分之，一種聲音出自「紅海」，另一種聲音則出自「藍海」，在成熟的領域或學域中競爭，屍橫遍野，血流成河，其中的戰將殺紅了眼，他們的看法與作風乃是紅海的聲音。在較新或全新的學域開發或拓荒，寂寞無伴，荊棘難行，可能經歷一段不為人知的辛苦之後，突然柳暗花明又一村，這可以算是藍海先行者，他們的心聲就是藍海的聲音。

　　在紅海中的戰將通常都是赫赫有名，走路有風，眾星拱月，十分卓越，眾人稱其為傑出、特約、榮譽講座等，然而一將功成萬骨枯，如果他是教授，他便向教育部、國科會拿大筆的資源，作其卓越的學術研究，厲害的他呼風喚雨，與他一起的伙伴便也雨露均霑。與他無干的無名之輩要想在紅海中撈點好處，那可不容易，非得流血流汗不可。

　　在藍海的「伊媚兒」，厭倦不顧命的拼殺，以人性為出發點，有創意地橫跨多元文化，獨自摸索，偶然間發現別有洞天的桃花源，在長期的籍籍無名之下，卻亦可能為校園帶來異樣的光采。

　　當我們在說台灣要有學校擠入世界百大時，常以預設用紅海的觀點在看事情，老師們的 SCI、SSCI 論文多不多，傑出教授有多少等等，至於大學對社區有什麼好處，對社會有何貢獻，培育了多少人才似乎不是重要的議題。所以校園中有一群人（常常是主流派亦就是紅海戰將）言必指標、論文數、獲獎數、計畫數及績效。當指標好、績效良、論文數多、獲獎數多、計畫數多，薪金外快也就跟著水漲船高。若是校

方有些措施使他感覺沒受到應有的重視或報酬，他就挾著優良傲人的紀錄至他校行銷，看看對方會不會出更高的價碼聘用他。

校中的另一群人從績效中看不出有什麼傑出，他們的創意沒有表現在主流的競爭中，就像若干年前對混沌現象有興趣的物理學家，因為不能快速發表論文，即便寫好論文，許多期刊也拒登他們的作品，使這群研究者在各處都吃不開，但當混沌理論成形，開始有用途時，他們頓時從困厄中紓解，甚至扶搖直上超越了紅海戰將的知名度。太極中有陰陽，陽猶如紅海，陰猶如藍海，或有時陽盛陰衰，有時陽衰陰盛。最好是陰陽調和，但若一個組織中只有陽或只有陰，這個組織決不能稱為一個大學，大學亦絕不是這樣一個組織。

本書前段用了兩個角色在對話，一個是紅大將，在學校裡這種人是論文很多的傑出教授，外加校方授予高層管理職務，在校內是響噹噹不可一世的人物，另一個是藍媚兒的角色，它是偶然在校園中閃現的藍海思維之伊媚兒的化身，如果她是一個人，這個人平常在校園是個不起眼的平凡教師，她懷著一顆敏感善良的心。藉著他們的對話，如果你恰好也是經常在大學中生活的人，應不免會心一笑，因為這兩種角色其實不遠，就常在我們身邊出現。

這本書前段應算是個寓言式的小書，讀者不必東猜西測，它是虛構的，如有雷同純屬巧合。在本書的後段是本人和幾位友人共同的作品，這些文章有極高的通識性，和一般教授的專業文章不同，在校園中亦是不易出現，將前段、後段構成一書，書名為「卓越創新在大學」或名為「紅海藍潮在大學」，誰曰不宜，最後感謝呂佳思、傅金熟小姐費心打稿，本書方能順利問世。

教育部頂尖計畫元智大學人文通識倫理辦公室

王立文 謹識 2006.11.20

尤　序：桃李春風一杯酒

　　王立文教授把他過去十年來在元智大學校園網路上發表的言論整理出來，集結成書印行並囑我為序，我甚感樂意與榮幸。回想我在 1993 年從新竹市的交通大學轉到中壢市的元智大學服務，至今也匆匆 13 年過去了。江湖夜雨十年燈 ── 人生還能剩下幾個十年呢？在過去的十多年裡，我看著與我同庚的立文兄從學務長、通識中心主任、教務長、副校長一路走來，目前「不在其位不謀其政」，專心辦理通識教育。我們兩人之間也從不認識、誤解、了解到現在他成為令我欽佩的同事和好朋友，主要原因是因為他的「清廉、正派、謹守原則、不默而生、有所不為」 ── 像他這般「溫、良、恭、儉、讓」的教授在當前汲汲營營的大學校園中恐怕已經不多見了吧！

　　尼采是立文兄最欣賞的哲學家之一，所以他把尼采的<u>查拉圖斯特拉如是說</u>列為元智大學推動的「經典五十」讀書計畫中的一本。我在尼采的言論中發現一些觀點其實和立文兄的處世哲學十分地相似，譬如尼采最厭惡權勢：

　　　我充耳不聞有如另一種語言的人民
　　　聽不懂人們用言語進行權勢的交易

　　　搗著鼻子我從過去直到現在仍悻然
　　　確實聞到了那些文霸們發出的惡臭

　　　我像跛子聾子瞎子啞巴獨自活著

也不願和獨夫學閥聲色犬馬共處

這麼多年來，我的確從來沒有聽過立文兄用刻薄的言論傷害同仁或下屬，也沒有看過他用諂媚的語氣巴結上位和權貴。他過世的父親王先鎔教授是當年北大的優秀校友，似乎立文兄也繼承了王故教授「書香門第　能賢能愚」的士大夫家風了。

最後，我想用宋朝黃庭堅的寄黃幾復一詩和立文兄共勉：

> 我居北海君南海，寄雁傳書謝不能。
> 桃李春風一杯酒，江湖夜雨十年燈。
> 持家但有四立壁，治國不蘄三折肱。
>
> （喻為官清廉、從政有方）
>
> 想得讀書頭已白，隔溪猿哭瘴煙滕。
>
> （喻認真讀書、好學不倦）

（注：黃幾復，南昌人，為庭堅少年好友，時知廣州四會縣令。黃庭堅，少蘇軾九歲。哲宗紹聖以後，屢遭新黨打擊，被貶黔州。寫詩極嚴，傳將中年前詩燒三分二，晚年復自刊定，止三百八篇。）

我這篇文章的名字 ——「桃李春風一杯酒」，象徵我和立文兄相處的情誼。這一年多來，我每當在辦公室心浮氣躁的時候，就會不由自主的去找他聊天或共餐。在他溫和而從不亢奮的語調中，我總是也能讓自己浮躁的心情逐漸平和下來。我也希望在下一個「江湖夜雨十年燈」之際，我們兩人仍然能維持這樣的「何當共剪西窗燭　卻話巴山夜雨時」的緣份。

尤克強 2006 年 11 月 26 日
於中壢市　元智大學

目　　錄

壹 紅大將與藍媚兒

1 如是我聞

紅大將：

一個組織在此競爭激烈的時代，產品一定要品質好，員工要有效率，須以績效給酬勞。有 ISO 的認證可以讓學校的教學品質達一定的標準。另外數字會說話，一個優良的教授他的 SCI 或 SSCI 的論文一定很多，否則就是浪得虛名。績效不好的教授最好自己走路，元智要爭取專業傑出人士，就是學術權威，如果校中大師比大樓多，那我們學校就非常了不起了。學術權威到了學校還怕拿不到大型計畫？一個大學要是沒有大型計畫那是很丟人的！

藍媚兒：

夜深人靜，寧心安坐，內在智慧輕緩開啓，我聽到如下的話語：

若要本校名符其實地成為「元智」大學，今後應注意以下十點：

一、了解數字的功用，而不濫用數字的魔術。

二、了解 ISO 的功用，而不迷信 ISO 的萬能。

三、了解績效的功用，而不忽略績效的偏頗。

四、了解富強的功用，而不犧牲生活的品質。

五、了解規範的功用，而不放棄可貴的人性。

六、了解資訊的功用，而不企圖催眠的掌控。

七、了解專業的功用，而不抹殺宏觀的優點。

八、了解權威的功用，而不盲信權威的正確。

九、了解要求的功用，而不吝惜回饋的報酬。

十、了解行政的功用，而不忘記服務的本質。

本人聞此中道的妙法，歡喜信受，與您分享。

② 平心論 ISO 與教學

紅大將：

許多公司為了他們的產品好都去做 ISO 的認證，經過認證顧客才有信心。同理，如果學校引進 ISO 的觀念認真執行，畢業學生就猶如學校的產品。嚴格掌控教學的程序及品質，本校的學生一定會讓廠商覺得好用，將來我們學校的學生一定會榮登「企業最受歡迎的大學畢業生」的榜首。本校老師不能只圖自己方便，愛怎麼教就怎麼教，要為本校的校譽和學生的出路多想想。

藍媚兒：

看到同仁努力弄 ISO，深為大家為元智努力打拼的心所感動，從事 ISO 建設的同仁，辛苦了。

1.ISO 是可以成為增進老師教學覺知的方法之一，但不是唯一方法，也不見得是最好的方法，過度強調，卻反會扼殺教學覺知，成為形式主義。投入太多人力、物力、時間、精力，是否一定值得？適量地喝點酒，做些運動有益身心，若過量則會傷身的。

2.通過 ISO 認證合格的廠商，不見得不會倒閉，前教務長曾說過，得到品質獎的廠商，過幾年倒掉的亦是有的。如果上課，講法枯燥，學生身在教室，心在室外，也不還是虛功。認清 ISO 未必是神丹妙藥，也不是什麼豐功偉業，它只是在某種健康的環境下，能提升教學覺知的方法之一。

　　3.我並不排斥 ISO，但擔心有人不知其侷限性而迷信 ISO 對教學有極大的功效。教學不應被 ISO 捆綁，而要能超越 ISO，講技精釆，內容豐富的熱忱教學，才是我們真正要衝刺的，我的教學未必高明，但自認一直不斷地鞭策自己，朝這方面努力。太重形式，實質就會被忽略。大家都知道有外在美，不一定有內在美。

　　孟子曾有不得不辯之嘆，為了追求真相善理，我會對事情做批判與研究，或有人因之而有所不快，但為了更多人受益及更長久的影響，有時也不得不抱歉，直接點出應注意的事項。尤其是教育、教學若採用急功近利的方式，固一時有些顯眼耀目，事後可能有很大的後遺症，做這些事應懷戒慎恐懼之心，要看長久才是。或許您以為我是杞人憂天吧！

③　小龍封神榜

紅大將：

不論大至國家，小至學校，領導者一定要能精通一門學問，如果在國科會傑出獎的教授名單裡挑選人才，讓他們做總統、校長、院長等準是對的。試問在一個領域裡都不能表現傑出，如何能帶領一個團隊。尤其是如果是諾貝爾獎得主，他必然是最好的教育部長人選或教改政策的領導者。學校裏最寶貴的人才就是中研院院士、國科會傑出獎的學者，這類人才應用重金挖角，讓他們來當院長、副校長、校長等。把學校好好整理一下，沒有學術地位的人不應給他們行政職務。

藍媚兒：

某國在往日輝煌年代，任一官半職者，皆需任督兩脈暢通，但近年來兩脈暢通者十分稀有，專業掛帥時代，一脈暢通即可名利雙收，該國政府變法圖強，崇尚專業，果然一時之間，經濟起飛，傲然成為一小龍。有鑑於一脈暢通者，儼然皆是不可一世之專家、顧問、學者。該國政府即將一脈暢通之傑出優秀者的名單彙集成冊，鍵入小龍封神榜中。

於是乎不論民間團體、學校、工商機構，對此榜單皆崇敬有加，焚香膜拜。凡事皆無自信，非有此榜單之人參與，方可算數。任何大型計畫，主持人皆必須從此榜單出來，好歹至少要共同主持一下，一脈暢通之人，即令是 A 專長者，亦可橫越變成 B 專長之顧問，人生至此，通一脈者莫不尊榮

至極。

　　孰知人體奧妙難測，當一脈通應只能承擔一脈之事業，若非兩脈通，不得承擔兩脈之大事業。不過因在某國只要一脈通立即榮登小龍封神榜，名利如滾雪球般來，亦就沒什麼人願意在沉潛下來搞通另一脈，紛紛出山，呼風喚雨。初始狀態，看來真是才俊輩出，一片大好狀，不料時日一久，走火、岔氣、跳票、倒會、入魔現象紛紛傳出。小龍封神榜之運用，能無慎乎？

4 績效的省思

紅大將：

物競天擇，適者生存。績效不好的人是團體中的害群之馬，如果沒有他們，學校的評鑑就會更好。績效不好的人真該好好檢討，爲什麼別人拿同樣的薪水，他們的表現就是比你好，人家一年可以寫 8 篇 SCI paper，爲什麼你只能寫一篇，甚至兩年才一篇，你把全校的指標都拉低了，你慚愧不慚愧，那些整體表現不良的院系應該考量把他們關掉。按照績效嚴格把關，不良者，應予淘汰。我主張退場機制，愈快建立愈好。

藍媚兒：

有一段日子，在台北有畢卡索及張大千的畫展，這兩位知名畫家，生前就名滿天下，死後仍有許多人懷念他們，他們這一生真算幸運的。想到另一位畫家梵谷生前幾乎一幅畫都賣不出去，最後瘋掉。此外，近代邏輯、語言哲學家維根斯坦曾辭去劍橋大學的教職，去擔任幼稚園園長。從績效的標準看，梵谷簡直一無可取，畢卡索、張大千是滿分，維根斯坦上課躺下來思考，亦可能會被判斷爲教學不力，說起來，好像梵谷、維根斯坦就活該倒楣。可是有一回我看到兒子花了幾天聚精會神地在畫他的鐵達尼號，不禁感動心疼起來，我的兒子數學不怎麼靈光，偏偏是個畫痴，這樣的個性嗜好，往後許多無情的評鑑，他要怎樣承擔呢?其實各行各業，都有

些痴狂之人，廢寢忘食地專注於他的興趣，其他方面他也許不在乎，也許無餘力再去照顧，或許他幸運地被捧上天，亦有可能過著暗無天日的日子。

　　另外一件事，也觸動了我的心弦，我兒子參加了學校的長跑田徑隊，有一天，他參加比賽回來，我問他跑的成績如何？他回答說以高一的標準，應該還可以，我笑笑沒在問下去。他爸爸打破砂鍋問下去，參加的人有幾個，你跑第幾？他有點不自然地說一共 25 人，他跑 24，一陣哄笑之後，我沉默了，內心突然有點酸，孩子想培養他的意志力、體力才參加長跑隊的，成績排名那麼重要嗎？幾年來，我發現一些對績效制度適應不良的同仁，還真有些真性情的人，他們執著努力的事，可能不是「上面」重視的或以為有「價值」的，或者說他們努力的方向所佔分數、點數是極少的，但是他們就是傻，把所有精力往裏拋，不過那有什麼績效呢？

　　這是個績效掛帥的時代，在企業界如此，有其不得不然的原因，在學術界如果亦是如此，我不禁為這些真情至性痴狂執著的同仁感到心酸無奈，只能嘆息：為什麼這麼傻，不朝著別人評量你的標準去努力。然而在生命終結時，我相信，那些為興趣而努力不懈，不計較外人評量者，才是真正地「績效」優良者。如果有一天，女兒告訴我，她有 200 篇的論文在著名期刊發表，而兒子來告訴我他在某某小城開了一個畫展，我會把他倆的績效劃上等號。

⑤　斯巴達與雅典

紅大將：

一個學校要好，大家就應有共識。團體裏有分歧的意見，整體的力量就分散。大家應該要放下一己之私，共同追隨有遠見、有魄力的領導者。這樣我們的學校才能快速發展成為亞洲新大學的典範。校園應由精英來領導，校園民主根本是個錯誤的觀念。

藍媚兒：

希臘在往日有許多城邦，其中有兩個最為世所稱道，一是雅典，一是斯巴達，雅典之風是民主開放，斯巴達則是鐵的紀律。在雅典，培養出許多思想家、教育家、政治家；在斯巴達則是出現了不怕死的勇士，甘心為國捐軀的健兒。

元智是未來最有潛力的大學，發展方向有兩種可能，一是民主開放，各盡其才，資訊暢其流，包容多元觀點。二是鐵的紀律，嚴格要求，一元化且不容違逆。

本校目前已走到可「雅」可「斯」的分岔路口，究竟是「雅」是「斯」，其實決定在眾人之心，眾人若皆以為雅典模式不足取，而以斯巴達為榮時，學校則會走成強盛的「斯巴達」，反之，眾人若皆以為斯巴達模式不足取，而以雅典為榮時，學校則會走向繁榮的「雅典」。大家都樂觀地預測元智是一個富「校」強「生」的大學，這一點應無疑義，至少都是我們努力以赴的目標。不過，無論學校多好多行，教職員的

生活及工作品質和它成為「雅」或「斯」卻截然不同。萬法唯心造，一切都是大家的抉擇。

6　與爾同修系統觀

紅大將：

我贊同 ISO 和品質保證這套東西在校內推行，這可以改善行政效率及提昇教學品質，這套東西其實要求的很簡單，你想一個你認為可以滿意的標準，你就把它說出來，說出來後你要能把它寫下來，寫下來之後你就把它做出來。從想、說、寫、做的一貫之道，你就保證能夠成功，做大事者就是要想、說、寫、做能一致。

藍媚兒：

A 君有友 B 君，B 對 A 言：「我對人的要求不高，只不過要求 —— 說的要跟想的一樣，寫的要跟說的一樣，做的要跟寫的一樣，如是而已。」A 感到有壓力，來找 C 君談，C 初聽之下，真覺得要求不高，可是仔細想想，發現這種人還真不多，除了機器人之外，可能就要數幾個大修行人了。於是 A、C 去找 D 君談，D 說：「有不少人說的跟想的不一樣，寫的跟說的不一樣，做的跟寫的不一樣，他們都是差勁的人嗎？美國總統柯某說的跟做的不一樣，還是可以**繼續**下去，可見說跟做不同，沒什麼大不了。」A 猶覺困惑，再去見 F 君，F 笑說：「我覺得有一個有趣的現象，在人際關係之中，其實我們的真心常是 —— 你必須按照我想的去做。就像有些父母對孩子不滿，因為叫他學醫，他不學，其他的說法，不過是藉口而已。」

　　A 益發迷惑，又去找 G 君談，G 言到：「想、說、寫、做可以是四個維度的，B 想把他們變成一個維度，當然是 B 的自由，那是 B 的想法，B 可以這樣做。只是我有點奇怪，如果想、說、寫、做合一是個基本要求，上帝似乎只要給人做的能力就可以了。如果我的想法和你的想法一樣，我的做法亦和你一樣，大家想、說、寫、做都一樣，我和你就沒分別了，用複製人的就可以了。」I 君聞 G 如是說，對 G 深表不滿，轉而贊同 B 之看法說：「賢哉斯言，一團體之共識即需如是之人來倡導，據說以 YSO 系統妙法修練可達 B 君之門檻，大家何妨研究一下，以身試「法」，可以獲得最高體證。」J 君搖頭說：「言行合一是很好的自我要求，拿此要求他人，甚至再加上想寫也要跟言行合一，簡直強人所難，拿來自我要求，也許是個好修行的方法呢！」

　　眾說紛紜，A，B，C，D，E，F，G，I，J 一齊來到 X 君處，性情沉默的 X 君終於開口說：「爾等勿燥，若要能清楚了解問題，解心頭之疑，必須系統觀與倫理觀同時俱足，在東方某國度有一人傑地靈的 YZU 深處有一 H 大師，對小至原子系統，中至家庭系統，大至宇宙系統，皆了解甚深，目前正在開授『系統工程與倫理』一課，諸君何不一同去修此課。」

⑦　真假有無亦渺茫

紅大將：

　　一個學校雜音太多是不成的，有效的控制群眾的發言是非常必要的。如果 e-mail 出現不相干的言論或違反主流價值的東西就要儘快刪除，甚至處罰。一個大有為的政府對民眾的言論權要能夠管制，一個大有為的學校當然亦應如此！斬草要除根，一個小疏忽都不可有，一個小的 e-mail 若有煽動性就要立刻砍掉免得它造成燎原之火，不可收拾，對學校的傷害是無法估計的。

藍媚兒：

　　一堆 e-mail 不見了，郵件信箱好生空蕩。斯巴達、雅典的故事，時空遙遠已不復記憶，不足為惜，但有趣的爪哇國亦竟從地球上消失，甚至於因資料遺失，連 ISOTEA 亦不知如何個喝法了。

　　另外傳說渺渺真人與茫茫大士在近日以 e-mail 研商一主題：如何以最少之宣傳經費為 C 校遴選出各主管來，並且又要找國內外頂尖人才，共襄盛舉。他們蒐集資料，翻閱文獻，上網查詢，似乎收集到一些極奧秘極稀有的脈絡、方法，既可以節省許多公帑，又可以選出天下奇才，正樂不可支時，忽然颱風吹進 e-mail 圈，天旋地轉，所有資料剎那間流進無何有之鄉。

　　甄士隱告賈雨村言：自古只聞西人摩西可以將紅海分

隔，現聞資訊海亦可分隔，住在變動不穩的資訊海中，真有點虛幻的感覺。紅樓夢中有詩云：「假做真時真亦假，無為有處有還無。」難道竟是此況的寫照？

⑧　勝者無所獲

紅大將：

古人云：學而優則仕，尤其是拿到國科會傑出獎者更應該出來做事。在這專業掛帥的時代，傑出人才自不必客氣，有主管位置出缺，就應努力爭取；那些學術不精、研究不好的人應埋頭去努力研究，已獲至高榮譽的學術獎者，擔任校內行政官算是水到渠成，再合理不過的事。學校要進用新人或新主管最正確的方法就是拿到國科會傑出獎名單，逐一去進行遊說，只要誠意夠，薪水高，不愁沒有人跳進來。

藍媚兒：

近日讀美國名作家海明威傳，知道他除了「老人與海」及「戰地春夢」之外，亦寫過一文 —— 勝者無所獲，我覺得這篇名饒富哲理。

在學校有些教授熱衷於行政，由基層一直往上經營，順利者由系主任、院長、三長、校長、甚至於教育部長，可是花無百日紅，當一不作什麼長之後，心態便難以適應，終日落寞寡歡，如果年齡已老，當然亦就欲振乏力，如果年紀還輕，就盤算如何東山再起，其實這年頭也太重視行政管理了。對一個大學而言，要成為頂尖的學校，應不會因行政效率非常好而成頂尖，依學校的本質，發揮成長的空間應是行政有限，學術無窮。元智十幾年所造成的名譽，靠行政表現的份量已不輕，但是往後仍把重點放在此處，恐怕收穫不會太多，

大家應體認學術方是學校的命脈，放眼世界，著名學府絕不是在稱道它們的行政一流，而是其知識之創新一流、學術一流。本人才疏學淺於行政花去不少時間，但從沒有減少對學問的熱愛，我常藉著各種經驗反過來擴充看書的領域和興趣，重視其背後的學問。

在本校裡，有興趣於學術者不乏其人，他們也許不是什麼長，不是什麼主任，也許有獲什麼獎或許也沒獲什麼獎，也許績效很好或者平平，但他們不減對學術的熱忱，酷愛學問，沉浸於學問中，陶養其中，乃至於研發創新及分享。這一批人才是元智的真正希望所在。對學問沒有興趣，獲得再多獎亦是枉然，在學校，不做學問，做再大的事，終必感到空虛。一切外在榮譽都不是重點，在大學裡，就是讓我們不斷地在學問上長進，進德修業，並且樂在其中，元智大學才真正符合「元智」之名。元智要擔心的是如果做學問者太少，求功名利祿者過多，那問題就大了，想想如果像費曼那樣的物理學家，陶醉於物理，把物理當作玩具一樣自在地把玩，這樣的學者若在元智，讓凡是走進校園的人都能感受到求知愛智的樂趣，元智還擔心什麼呢？對於花較多時間於行政的朋友，我們也應該心存感謝，不要太苛責，有他們的熱心服務也好讓大家多點時間研究學問。

以長遠的價值觀點看，大家都不難明白短期的光耀奪目之勝者，到頭來對自己終將是無所獲的，也正因為他們為團體的犧牲花去不少心力，我們不應吝惜表達感謝之意，而且更應珍惜自己有環境能不斷求知的福氣。

⑨　夫子何為者 — 對教育工作的反思

紅大將：

辦教育，尤其是大學，校方一定要考量學生的就業問題，要以專業爲重，通識的學分越少越好，那些沒用的課上它幹什麼，這年頭專業競爭厲害的不得了，學生在通識課裡浪費生命幹什麼？務實一點吧！

藍媚兒：

教改花樣繁多，在諸多變化之中，我們要能掌握教育的內涵，才是最重要的。中國古代學者對禮、樂、射、御、書、數皆很重視，目前的教育對後三者還算重視，數或可表數理邏輯，書可表研讀一般性的學問及專業，御有駕馬車、管理的意思，亦可有現代的意義，如駕車、操作電腦軟體等。說實在的，後三方面，現代人較古人是比較行的，前三項現代一般知識份子重視的不多，學校教育也較欠缺，我以爲社會的紛擾不安和此不無關聯。

在現今大學殿堂裡，「禮」是相當被忽視的，禮和倫理，這兩者可以是一體的兩面，上課、開會睡覺或使用手機皆是不禮貌的行爲，但目前則司空見慣。「樂」可以是指音樂、舞蹈等藝術的欣賞及創作能力，少數學生在這方面不錯，但普遍水準不高，這造成日後學生畢業離校做事，餘暇時無正當興趣可以消遣，日子過得無聊，無法怡情養性，言語枯燥，人生乏味。至於「射」可泛指體育，古代人常有糧食不足時，

要維持好的體力不易，如今許多人營養過剩，又不常運動，造成許多富貴病。因之體育應是師生普遍要重視的事，沒有健康的身體，追逐名利，只會加深痛苦而已。

　　雖然老祖宗的東西，未必件件皆好，不過禮、樂、射三項還是充滿了古人的智慧，元智要和他校不同的方式很多，回顧珍惜古人的經驗智慧，也很容易與眾不同。依本人的淺見，在禮、樂、射三方面，元智似乎還有很大的空間可以成長哩！

10　行到水窮處坐看雲起時

紅大將：

台灣的學術水準已是一流，像某大材料系論文之多，外國相關系所都自嘆弗如。另外像某大電機系程度之高不亞於美國名校，年輕的學生不必再像我們以前一樣非得出國，在台灣唸就是一流的啦！不必出國，英文普通就可以，教學的專業內涵比較重要，用英文上課？不必啦！

藍媚兒：

一個國家或地區要加入 WTO 時，心裡總是矛盾的，拿台灣來說罷，加入 WTO 就得讓許多他國的產品輕易地進入，本地之農業產品等卻相當受威脅，但不加入 WTO，不僅各國對台灣的產品之輸入，可以百般刁難，且在國際間似乎也會被已開發國家扔到一邊。因此大陸、台灣忍痛都要擠進 WTO，讓經濟體系合乎國際化、全球化。

元智教務會議委員集體在台灣的大學教育史上做出一個嶄新而重大的決定，本校各系會在其專業科目中找出六門，使用英語上課。對 91 學年度以後進來的新生，他們除了修通識英語 12 學分外，還有 18 學分的專業課程要接受英語授課，這項決定的利弊得失，在會議中，經過熱烈而充分的溝通，大家基於愛校，希望學校能快速國際化，未來能毫無愧色地立足於世界各國著名學府之間，以及未來元智學生的職場可以不受國界所限，本案獲得順利通過！同仁畢竟勇於

迎接劇變之未來的，大家對學校都有著美好的願景，平日沉潛而屆時湧現的這股創新又強大的清泉深深感動著我。

11 阿甘小語

紅大將：

我要孩子們張大眼睛，看哪些科系未來是熱門科系，選錯科系就像女孩子嫁錯人，苦啊！孩子們不懂社會有多現實，不學點有用的本事將來如何謀生，目前像生物科技、資訊或通訊科技正紅，聰明的年輕人自然應投入這些科系才有好前途。

藍媚兒：

有人說我兒子長的像阿甘，除了 IQ，我兒應較高外，其實個性還真像阿甘。小學四年級時，他跟我講他想組一個團體，幫助需要幫助的人，我勸他不要，他還小，大了再說。真是個傻小子。

稍長，到了高中，他參加了 key club，不但是會員，還成了會長。這社團是個志工團體，在校內有一段時間找不到指導老師，老師都太忙了，有傻勁的老師有時不是那麼多，我兒只好借助校外成人的 key club 的某些成員來幫忙，我看他不停地打電話，聯絡辦活動，許多人都推說太忙，他還是聯絡的不亦樂乎，功課都沒好好做。

在助人之外，他最喜歡的運動是長跑，開始時他進田徑隊跑倒數第二，逐漸愈來愈快，到了高三，他成了田徑隊隊長，教練告訴我有我兒在，團隊中就容易有 synergy。

　　我兒心地單純，總是想著要如何幫助他人，他每天都很快樂，想法子去幫助人，沒事情時，便跑步，有天早上，我陪著他，他在 45 分鐘左右跑完操場 24 圈，我內心不明所以地感到激動，他真的像阿甘。

　　不管他將來學什麼，學得棒否，希望他的心性永遠像阿甘，我們的教育似乎不應太強調學生去適應多變地社會，要有一些阿甘肯吃虧，願付出，帶動風氣，社會才會愈來愈光明。

12　形式與本質

紅大將：

人活著最重要的是要別人能肯定我們，做教授就要做個名教授，例如能獲得中央研究院院士、國科會傑出獎等等，成為學術權威，你說一，別人不敢說二。教育部、國科會一旦有資源，就自動要請你來支配，人生至此可謂志得意滿，想想亦是理當如此。平凡的教授們你能寄望他們能搞出什麼名堂來？

藍媚兒：

有的事看起來偉大，其實內涵淺淺，有的事看起來微小，卻意義豐饒。有的人頭銜很多，樣樣稀鬆，有的人寂寂無名，卻功力深厚。形式外表不是內涵本質，內涵本質也不是形式外表。內涵本質可以有形式外表，亦可沒有形式外表。雖然美麗的形式外表不是罪惡，有些人總想以形式外表的光彩，隱藏貧乏的內涵本質，我們或許想從形式外表論斷他人的內涵品質，但愈是高段的內涵品質卻愈是無跡可尋，深不可測，一味追求形式外表是騙別人，也騙自己，蘊積豐富的內涵本質至少不騙自己，大學的真正核心在形式？在內涵本質？朋友，您說呢？

13　創新即非創新是名創新

紅大將：

創新這事沒什麼難，教授多寫幾篇論文不就是創新嗎？專利數增加就表示有創新力，把一些預算放在鼓勵教授寫論文，獎勵他們多搞些專利就得了，在大學校園推動「創新」活動就這麼簡單，不用想得太複雜。

藍媚兒：

元智可愛的地方是它能接受創新，另一可愛的地方是它很重視流程的完整，看似矛盾的特性集於一身，正是本校在台灣教育界出色的地方。

要讓創新的事情可行，勢必在程序上要倍加留意，在每一關卡做充份的說明與溝通，贏得全體的共識，使創新之事得以充分發揮其功能。因此，真正的創新是在有創意之後，用非常積極、謹慎的態度去規劃、溝通，按照眾人都能接受的程序進行，創新才真正能落實。若是急躁地進行創意，可能我們的創意會變成他校的創新，一件必贏的好事，反成了輸的局面。

本文標題的句型取自金剛經，這句子可讓我們更深入了解創新的本質。

14 將登太行雪暗天

紅大將：

人都是有惰性的，身為管理者要懂得要求部屬，否則部屬便無法無天騎到你的頭上來，有些教授都不作研究成天在搞訴訟，好像他一直受學校管理階層壓迫似的，真是傷腦筋，最好能設一套制度請這些不良教師離開。

藍媚兒：

近日接到教育部的邀請去評論一個大計畫，這計畫的主題是大學教師的倫理問題，一方面我深感訝異成為委員，因為受邀者幾乎皆全國學界或社會的名流，我既籍籍無名，亦非倫理專家；另一方面這倫理問題之所以特別被提出，表示大學校園倫理確實已成為相當嚴重的問題。

有時參加一些校外的研討會，會間休息時，不難聽到一群主管在抱怨其下屬多麼無禮犯上，走到另一邊，又可聽到另一群職級較低者則在互訴其上司是如何Y霸。試想下屬若不敬上司，上司若壓迫下屬，倫理要如何建立？民主社會的倫理要建立在良好的互動上面。下屬尊敬上司，上司體恤部屬，加上同儕相互幫助，團體才會有好的倫理，倫理不是由單方向要求出來的。本人希望校運昌隆，有感於一團體要朝光明方向前進，勢必要重視倫理，上下若能以慈敬互動，加上同儕相互協助，才是大家之福，方能完成眾人的願景。

放眼看天下，富強大國與貧弱小國之間的相處之道，慈敬二字又何嘗能夠省卻！

15 榮譽博士

紅大將：

看大學的世界排名，除了台大可以看之外，其他的在台灣的大學都還得努力。在學校的教授最重要的本質就是發表論文，沒有發表論文能力的教授不是該退休就是該資遣。不要再傷害高等教育了，要知道排名在教育界猶如人的生命一樣重要，大家應卯足全力，不要分心往前衝！大學若未入百大之前，不要搞東搞西，浪費精力。

藍媚兒：

翻閱報紙，赫然發現交大要授予高行健榮譽博士，交大跳開傳統思維，匠心獨運，用了這個怪招，增加了不少知名度，這回更增添不少文藝氣息。

我和一位同事驚嘆交大高明的作法，不免亦嘆息我們平日的思維總是受限而不夠創新，原來「天下大學問」不是學術期刊所能包辦，誰能說諾貝爾得主高行健沒學問呢？博士未必一定要終日鑽營於 SCI，SSCI 期刊中才會有榮譽，事實上榮譽博士多半是「走自己的路」走出了名堂，獲得了更高及更多人的肯定。

16　失竊的省思

紅大將：

近來教室的單槍投影機連續失竊，失竊率如此之高，駭人聽聞，校內設備的安全似乎已亮起了紅燈。

幾年來教務處一直有個希望就是普遍提昇教室設備，儘力爭取經費，希望每間教室都能有單槍，甚至 Notebook，看來這個小願景已受到相當的挫折。所有教室都該裝上鐵窗鐵門，才能避免損失。

藍媚兒：

前些日子我在讀一本彼得聖吉的著作－學習型學校，裡面有許多新觀念，但其中最令我覺得有意思的話是：在教室裡的學習活動，不是只有老師就可以讓它變好，學習活動和學校的環境亦非常有關（比方說學生生活習慣不佳，上課打瞌睡是不是晚上睡得不好，原因是什麼？）另外，學習活動亦和社區有關，社區民眾是不是以我們這鄰居為榮，社區的治安好不好，如果治安不好，教室的固定設備的提昇就遇到了瓶頸，或許我們得另尋管理之途。

談到學習型學校，遇到狀況就應反省檢討，但希望同仁對失竊一事有所警覺，如果有寶貴意見亦請告知相關人員，如果大家能守望相助，宵小就不會如入無人之境，造成學校的財物損失。但我們亦不能因一再失竊就把學校當監獄裝上鐵窗鐵門，破壞了大學應有的景觀。

17　短線思考與系統思考

紅大將：

做了好幾年的 XX 稽核，我認為自己的工作真有益於學校。教務處努力地辦招生宣傳就是提高學生質量的關鍵，正如多運動真有益於身體！買兩幅畫擺在家中，可以提昇自己的藝術修養。我們只要相信政府，政府一定會帶領我們到富裕繁榮之境。多跟人宣傳道德的重要，自己的道德就高人一等。論文多的就是研究好，研究好就是好老師，如果上述問題答案是 Yes，就是正常人，日子就這麼日復一日過下去，不用擔心，前途一片大好。

藍媚兒：

短線思考給人一個乾脆的感覺，有擔當，有魄力，也給大家一種童騃似地樂觀。當牙痛的時候，吃止痛藥就能解決問題嗎？令人擔心的是我們不正視牙痛該有處置方式，而去讚美止痛藥的止痛速度，甚至以止痛速度來評量藥的優劣。

想一想泡沫經濟是怎麼發生的？911 事件為何會發生？按照指標數據，清華、交大早該是學生的最愛，為何大多數的優秀學生還是往台大擠，是不是因為他們都是不懂事的年輕孩子？東西常掉是防範不足？還是失業率提高的象徵？亦是雙重因素？仔細探究這些問題的來龍去脈，你會發現這不是短線思考所能理解的，真要搞清楚一定得系統思考。

系統思考看起來不是那麼直接，做起事來也不討好，但

那是一種深謀遠慮的智慧，有時周遭的人會搞不懂你在幹什麼，你變成了一個 stranger。不過眼看短路思考已充斥於社會與日常生活，許多人就隨波逐流做個 yesman，人云亦云，還是我們應該要能宏觀整個系統，做一個能深層思考的人。

　　個人的淺見元智大學能不能更上一層樓，就看能做系統思考的人是否能多起來，短線思考的衝力似乎已經不足以再有躍進的動能了，往下不應再玩「五子棋」，該是下「圍棋」長考的時段了。

18　名學者的價值

紅大將：

名學者的演講費與上課鐘點費應該相同，名學者若是來校做兩個小時的演講，時常是把他畢生功力集中在此段時光中傾囊相受，聆聽此種演講受益良多，把一場演講費限於兩千元，真是學校大賺，師生受益，名學者本來就不該爲金錢計較，何況他們到各校演講還可用相同的教材。

藍媚兒：

在知識經濟的時代裡，關鍵知識的經濟價值是驚人的，現在一般普通機構予名學者的演講費上萬元一場是很平常的事，只有古板、食古不化，視知識如糞土的機構，才是一直堅守著那最低價碼。有人認爲學者應該是清廉的、不要錢的、義務做功德的，這種看法早該修正，孔子還知道君子愛財取之有道，如果讀書人都不要錢、不賺錢，難道都讓貪官污吏恣意 A 去嗎？

環境若是如此僵化，又要大家盲從，這樣會距頂尖愈來愈遠，就連大學起碼的格調都喪失了，媚兒曰：「頂尖之道無他，尊重名學者之價值而已矣！」

19 私立之不興乃基於國立之所評

紅大將：

國內私立大學難以超越國立大學，固然有不少原因，如私校學生的素質平均弱於國立，私校財源政府輔助較少等等，但其中一項最重要的原因卻鮮為人所察覺，卻影響最大，就是許多國立大學教授掌握了資源與評鑑者的角色。因此我以為辦私立大學非常簡單，用重金自國立大學去挖資深 but still active 的人來校就沒問題了。自己培養人才逐步經營，然後就能趕上國立，你別傻了，那多累啊！

藍媚兒：

台灣學界歪風如過度重視 paper 數量及過度重視 SCI 及 SSCI，這種形式主義就是國立大學教授炒作出來的，去影響國科會和教育部，讓私立學校亦不得不往這方面走，只要你想拿國科會、教育部的計畫，這些國立教授都是評鑑人和掌門人，他們要你低頭、要你跟在後頭，數年後，大家亦就視為固然，好像理所當然，私立就是比較差，一旦我們跟上腳步，受國立大老褒獎兩句，就喜不自勝而曰：我們私立不比國立差，全不自覺這些指標大多是由國立大學教授恩賜的，而自陷於阿Q精神的喜悅。如此一來，有意無意間扼殺了私立學校的特色、創意與彈性，讓私立不得不跟著國立的後頭走，以他們的思維模式和制約方式行動，當然很難超越他們。

李安如果很早就臣服於台灣的社會價值，他不過是當年

南一中表現不怎麼樣的學生，他早該憂鬱喪志，他早該棄文從商，他慢慢琢磨，不改其志，終讓天下隨他轉，而不是跟著別人的屁股後頭，搖旗吶喊。國立大學那些制度及學術標準就猶如李安當年周遭的社會價值，沒有那麼神聖，絕對沒有必要亦步亦趨地做乖乖牌，做乖乖絕成不了大器。李安才是頂尖的楷模，媚兒就是從小做乖乖牌，覺悟的太晚，距李安才愈來愈遠，生命短促，世變日亟，什麼事是有意義的，君不見在別人設定指標上頂尖的人，其整個人生卻可能是頂凹的。台灣政壇上不正在上演這個戲碼！頂尖的組織在於能自覺，這是彼得聖吉最近領悟出來的道理。

貳　紅海藍潮

1 宗教（佛教）教育與情緒智能的關係

謝登旺　王立文

摘　要

正確的宗教對教育幫助人們了解自己，使個體成熟而自在，活在愛與良善之中。對宗教或生命的過程不了解，僅僅在社會中努力工作很容易會有挫折感。如果沒有良好的情緒智能，生命將是乏味的負荷；適當的情緒智能可以給人們對生命有個較完整的體認。科技知識在解決我們內在心理的壓力與衝突是沒有多大效用的。因此，我們應有正確的宗教教育，讓情緒智能有很好的發展。

關鍵詞：宗教教育、情緒智能。

一、緒論：通識教育與 MI 理論

　　自公元 1900 年起，心理學家比奈（Alfred Binet）發明了「智力測驗」，所評量的能力稱「智商」（IQ），從此人類對神秘複雜的智力結構取得單面統一的評量方式，即使精密複雜的「學術性向測驗」（Scholastic Aptitude Test 簡稱 SAT）也只是測驗到人類語文的、數理邏輯的能力，離人類大腦混沌的世界仍有很大的距離。然而，人類卻對 IQ 深信不疑近一個世紀，這種「統一觀點」（uniform view）其實早已引起許多心智發展學者的反思，如賽斯通（L.L. Thurstone）、基爾福（J.P.Guilford）等，到近年來丹尼爾·高曼（Daniel Goleman）提出「EQ」（Emotional intelligence）、Howard Gardner 主張「MI」（Multiple intelligences）等相關理論，終於使「IQ」主宰近一世紀的人類心智認知領域，有較精微較科學的評量與認知方式。

　　Howard Gardner 的「MI」（Multiple intelligences）理論在其 1983 年出版的《心智架構》（Frames of mind）一書中首度提出，隨即後來居上，超越了賽斯通（L.L. Thurstone）的基本心智能力論、基爾福（J.P.Guilford）的智力結構論、史敦伯格（R.J. Sternberg）的成分分析論等同樣是多元智能觀的其他理論，成為晚近較實用的心智理論。卡式將人類智能分為七種：語文智能、數學智能、空間智能、音樂智能、身體運動智能、人際智能及個人內省智能（即自知與自處的能力）。具心理學者楊國樞表示，卡氏這七項智能結構，前四者是過去智能或性向理論常提及者，後兩者卻是創造美好人生

的基礎，是卡氏極獨特的創見（楊國樞，1997）。

卡氏這個智能評論的新主張，不僅打破了長久以來以 IQ 為重心的教育，也為通識教育提供很好的借鑑。

根據 Howard Lee Nostrand 替 Jose Ortegay Gasset《Mission of University》一書所作序說：

> 通識教育意指人的全面發展，而這種全面發展是在專業訓練之外的。它包含了把人的生活目標用文字來充實（civilizing of life purposes），把人的情感反應加以細微化（refining of emotional reactions），也包含了使人對事物的理解趨於成熟，而這理解卻應該依據當代最佳的知識。（Howard Lee Nostrand , 1938）

Nostrand 這個看法多少已指出通識教育的方向，不限於專業訓練，而是為培養人全面觀照的能力，以應付生活中的變局，參與建立世界的新秩序。領導哈佛核心課程推動的 Henry Rosovsky 也主張通識教育在培養人：

（1）應當能明晰流暢的思想與表達；

（2）對於人類求取知識，理解自然、社會與自己的方法，應當有批判性的鑑賞力；

（3）處在二十世紀末期，已不能像以前西方的知識份子一樣還偏執於西方自我中心的意識與思維，而應該瞭解其他分支的人類文化，瞭解其他的時代；

（4）對於倫理性的價值問題，應當有些理解，也有思考它們的一些經驗；

（5）對於某些領域的知識，應當有深入的了解與研究。

Rosovsky 這個看法進一步落實為哈佛核心課程的五大

範疇。從上列五個重點可以看出，除第五項涉專業領域智能外，Rosovsky 所偏重的通識導向是強化人與他人、人與社會及人之自我處境的能力，這正是 Howard Gardner 的 MI 理論中的六、七兩大智能—「人際智能」與「個人內省智能」。

以台灣的通識教育發展來看，民國七十年虞兆中校長首先揭櫫其通識教育理念，初步強調「人格教育」與「專業教育」的平衡（虞兆中，民 71）。其後黃俊傑教授在清華大學一次〈大學通識教育研討會〉中，針對當前國內高等教育，提出落實通識教育應有的對策是「多元化的教育觀」及「人文主義的教育觀」（黃俊傑，民 76），這都與 MI 理論發現人類多元智能的意義密切貼合。

在即將邁向二十一世紀的今天，國內外通識教育所應努力的，是如何認清「全人」價值，認清人類心智模式的多元角度，打破 IQ 至上、專業至上的作法，爲新生代人類提供多元的心智發展空間。特別是屬於人際智能及個人內省智能的人文關懷，才是創造人類未來幸福的理想教育模式。本文從宗教教育與 EQ 入手，也是基於這個考量。

二、EQ（情緒智能）在 MI 理論中的定位

據 Howard Gardner 的歸納，現代非宗教學校裡的教育學科包括三大類知識：1.記號知識（一切書寫語言和書寫的數字系統）。記號知識往往包括閱讀圖表、運用科學符號與方程式、學習電腦語言，乃至於音樂、舞蹈、航海或足球等的記號。2.本行學科的概念（指各種專業學科）。如物理、社會、工程等一切具概念、架構與實例的科目，這些科目往往缺少

情境，多爲較死板的知識。3.本行學科解說與推理的型態。
這種推理解說屬於模擬研究，其過程只能求個大概，並非直
接現場化的情境（decontextualized）。（Howard Gardenr,1995）

　　Howard Gardner 這個看法正式指理性主義與產業革命以
來的教育格局，與古希臘、亞里斯多德或柏拉圖的冥思人生
完全不同，也與中古歐洲宗教教育的「博雅教育」背道而馳。
然而大學教育走產業化知識理性的道路由來已久，積弊已
深，在通識教育的改革聲浪迭起後，重回人文主張，走向宗
教、道德、社會群己之間的教育問題，是針對工業理性教育
所做的「全人」回歸，這也正是 EQ 在二十世紀末成爲中西
社會熱門話題所突顯出來的意義。

　　EQ 是指情緒智能（Emotional Intelligence）的商數。情
緒智能顯然不在前述 Howard Gardner 所歸納的三大類知識中
這也正是現今大學教育上待強化的多元智能之一。

　　EQ 這個詞涵蓋「自制力、熱忱、毅力、自我驅策力等」
除此之外還包括道德使命問題、利他精神的同理心（empathy）
等（Daniel Goleman,1996）。自制與同情是這個時代最需建立
的道德支柱。在 Daniel Goleman 提出的 EQ 主張中包括五個
重點：1.認識自身的情緒，2.妥善管理自己的情緒，3.自我激
勵，4.認知他人的情緒，5.人際關係的管理。這正是 Howard
Gardner 多元智能說（MI 理論）中的第六、七兩項，與前述
現階段通識教育對策不謀而合。我們可以下圖來表述 EQ 在
MI 理論乃至現階段通識教育中的價值與定位。

現階通識教育的 目標：全人教育	目的理性 （learning to be）	人格 教育	MI 理論中的第 六、七兩項智能	EQ—人際、 內省智能
	工具理性 （learning to do）	專業 教育	MI 論中的第一、 二、三、四、五項 智能	IQ 及其他智 能

三、宗教（佛教）教育與 EQ 的培養

在 Daniel Goleman 的《情緒智商》一書中，第一個部份便提出人類腦部的情緒構造是先天神經構造，人在面臨一切情境，不論是危險、挫折、成功、失敗，都不容理智獨立擔綱，常常是由情緒指引，每一種情緒都是可立即付諸行為的明確指示，是人深印神經系統中的心靈動力。因此瞭解人不是探索 IQ 或其他智力所能達成，而是非探索其 EQ 不可。

人的情緒中樞在腦幹邊緣系統下的兩個杏仁核，而腦部的新皮質正是負責平衡情緒的管理員，當杏仁核被刺激，而新皮質機能又未能啟動時，人的情緒便隨之失控。此時再強的 IQ 都不能發揮作用，人完全為情緒主導，或者在亢奮中思考力強化，或者在憤怒中完全失去理性。因此 Daniel Goleman 說：「人類可說是兩個腦、兩顆心、兩種能力。生命的成就同時取決於兩者」。（"EQ",p.45）以生命的「人際」與「內省」來說，EQ 比 IQ 重要，而且經驗與教育對提高 IQ 效果有限，而「EQ 卻是可透過學習加以改善」（"EQ",p.50）。

EQ 的提出可以確定是受 Howard Gardner 的 MI 理論影響後進一步發展，Daniel Goleman 在其《EQ》一書就特別提到 Howard Gardner 的《心智架構》一書及其七種智能論，

Howard Gardner 之後，耶魯的心理學家 Peter Salovery 進一步提出情感與智能的結合方式，他爲 EQ 下的基本定義爲五大類。這也正是 Daniel Goleman 一書的五大重點。以下我們分別對應佛教教育內容來看佛教教育對此五大個人的情緒智能，有何正面的教育功能。

（一）禪的覺知可以「認識自身的情緒」進而「認知他人的情緒」

「認識自身的情緒」是 EQ 的第一大重點。人在激昂的情緒中往往並不自知，因此淪爲感覺的奴隸。能自知情緒才能有進一步情緒管理情緒，掌握人生幸福的能力。Daniel Goleman 提出「自覺」（self-awareness ）來關注內心情緒的狀態。這種自覺很接近佛洛依德「均衡懸浮的注意」，及對一切事情予以客觀的注意，關注但不作反應，這也是心裡分析技巧中的「旁觀的自我」。激情、淡漠或毫無感覺都是無法自覺情緒的結果。因此「自覺」是認識自身情緒的關鍵。

在佛教教育中一直以禪法來自我覺知。禪定是保持人念頭、意識、思想、心靈清醒的方法。佛教三學指「戒、定、慧」，定學（禪定）是佛教教育一大重心。

禪定在達摩以前，安世高翻譯的《大安般守意經》時代（東漢），以「四禪八定」「滅盡定」「止觀」「安般念」…等爲主（李孝本，民 67）。四禪八定是一種去除行者下劣慾望，收攝精神，使之歸於清明的方法。禪定的進境由初禪離色，二禪靜慮，三禪欣妙，四禪泯然凝寂，而進入四無色定（即「空無邊定」、「識無邊處定」、「無所有處定」、「非想非非想處定」），大抵以澄清心念，了無掛礙爲主。人在禪定教育的

修學努力過程中，可以超越自我慾望、生理、心理的各種制約，而有較超然的視野對待人、我、事等各種情境產生的問題，初期以認識自我為主，培養敏銳察覺自我念頭的變化起伏、意念的貪、嗔、癡三毒、思想文化背景的萬有制約，生理、心理種種宰制等等能力，在察覺能力日強後，對人際、事物間細微變化感知的能力也日強，因此，認知他人的情緒的「同理心」自然也能增強。「認知他人的情緒」也是沙洛維EQ 基本定義中的第四大重點。

　　人與他人之間，有良好的「同理心」可以感同身受，如滴水與大海，生命一體，反之，也可能形同寇仇或障礙不通。一個自知的人，本身平心靜氣，因此能接收他人細微的變化，準確閱讀對方言談舉止間或隱或顯的各種意涵。Daniel Goleman 同時也指出這種同理心的能力構成道德信念、啟發減輕世間不幸的正義感，這也就是「利他主義」（"EQ",p.125）。佛教教育在學習禪定之時，同時也講求「布施」，捨己為人，無緣大慈，慈悲是利他的表現，佛教以利他才能真正自我提昇。《華嚴經》說：「沒有慈悲心，一切福德智慧，都算不得菩薩行。」（印順，民 81）「布施」是利他的具體實踐，是禪定能力提升的重要方法，唯有自身情緒穩定，能自我覺知，能覺知他人處境的人，才有能力真正的「布施」。

（二）佛教的持戒、忍辱對「妥善管理情緒」的意義

　　「妥善管理情緒」是 EQ 的第二大重點。禪的自我覺知幫助認識情緒，然而認知只是第一步，進一步加以管理才能擺脫情緒的奴役。禪者以剝離情緒為努力，當一個憤怒或煩躁的情緒來臨時，自我覺知可以及早發現「它」，但不一定能

擺脫「它」，深度的覺知則進一步瞭解原因，謀求改善。此時「我」與「情緒」仍處於對立狀態。Daniel Goleman 建議改變思考角度來平息「它」（"EQ",p.77）。佛教則提出「持戒」「忍辱」來面對「它」。佛教的戒律極多，目的是防非止惡，使學人保持清明的慈悲與智慧。律藏中的「四分律」「十誦律」「摩訶僧祇律」等，對修行者的行動、言論、思想乃至行住坐臥都有詳細的提醒，最常見的是五戒、十善。是保持人身、口、意清淨的好方法，同樣可作為管理自我情緒的輔助。《大智度論》卷十三說：「若慈憫眾生故，為度眾生故，亦知戒實相故，心不猗著，如此持戒，將來至佛道，如是多為得無上佛道戒。」卷十四說：「菩薩持戒心樂善清淨，不為畏惡道，亦不為生天，但求善清淨，以戒薰心，令心樂善。」持戒收攝邪心妄念，甘心利他，不為了自我，在日日持戒，分分秒秒持戒中，情緒完全在管理中，心因而常保喜樂清靜。

（三）佛教的精進法可以保持高度熱忱達成「自我激勵」

　　「自我激勵」是 EQ 的第三大重點。Daniel Goleman 說：「保持高度熱忱是一切成就的動力」，「能自我激勵的人做任何事效率都比較高。」（"EQ",p.59）情緒自覺是覺察自己的情緒及前因後果，情緒管理則是提昇熱忱、保持高度的情緒自制力，導向更專注工作、更能發揮創造力的正向情緒。吳三桂衝冠一怒為紅顏，情緒的方向不是正確的，子路暴虎馮河之勇，成了孔子的遺憾，也不是正向情緒，但佛教的怒目金剛，不畏邪魔，則是情緒的正面效果。把情緒導向注意力專注、利他主義，都是一種自我激勵。

　　精進是佛教教育的「六度」之四，與前述「布施」「持

戒」「忍辱」「禪定」等相輔相成。《大智度論》卷十云說：「於
事必能啓發無難，志意堅強，心無疲倦，所做究竟，如是等
名精進」。又說：「一切諸法自相，異象，總相，別相，一相，
有相，無相，如實相，諸佛菩薩無量智慧，心不退不悔，是
名菩薩精進。」這說明精進即勇於任事、志意堅強、走菩薩
道卻心無疲倦。因爲世間一切人事物等萬法都是不同的，不
管其統一或分歧，有形或無形，其千萬變化是必然的，學菩
薩道的人，其心要永保這份精進，不因挫折、變化而退轉心
念，沉淪心智，這也就是精進。

　　　佛教「精進」法，保持正向的自我驅策力，激勵自我，
懷抱積極向善的精神，對 EQ 的提升也具增強作用。

（四）佛教的般若智慧有助「人際關係的管理」

　　　「人際關係的管理」是 EQ 第五大重點。一個人的人緣、
領導能力、人際和諧程度都與這項能力有關。一個情緒管理
成功的人，能進一步影響他人，予人正面的情緒導向，Daniel
Goleman 說：「左右他人的情感正是處理人際關係的關鍵藝
術。」「掌握他人的情感必須先具備兩項技巧：自我掌握與同
理心」（"EQ",p.133~134）此時這個個體本身自我覺知的能力
一定相當充足，能除去一切自我情緒的障礙，也能覺知他人
情緒的狀況，因此，他能較懂得解決人際衝突、有更清晰的
溝通技巧、更佳的人緣，更能關心體貼別人，更懂得分享、
合作、互助、互動等，成爲人際和諧的人，也適合成爲領導
者。這在儒家是「仁聖」的理想，在佛教則是「佛」的目標。

　　　「佛」意即「智者」、「覺者」，是通過「布施」「持戒」
「忍辱」「精進」「禪定」而有「般若」大智慧的人。般若智

慧是指徹底認識宇宙世間真相，自性清明，沒有人我、眾生分別，也是具大慈大悲的心靈能力者。這種智慧能力，使人勘破迷情，超越障礙，除去自己的困障，也為他人解除困障，因此能自利利他，達成群己的美好幸福。這也是 EQ 最高的表徵。

本節以佛教「六度」對應 EQ 所要強調的重點來看。其關係可以總結如下表：

EQ 五大重點		佛教「六度」教育
認識自身的情緒	（5）	1.布施
妥善管理情緒	（2,3）	2.持戒
自我激勵	（4）	3.忍辱
認知他人的情緒	（5,6）	4.精進
人際關係的管理	（1,6）	5.禪定
		6.般若

四、佛教教育與 EQ 理論都是心靈教育

Howard Gardner 的 MI 理論顯現人的智力是多元架構，其中包括工具理性的專業智能與目的理性的自我認知及對他人的理解等智力，這種智能結構的開展，讓我們認識到 EQ 理論的定位 —— 心靈教育。心靈是人與群體及自我認知的核心，EQ 的提升其實是心靈的成熟穩定。同樣的，心靈也正是佛教教育的核心。

佛教教育是心靈開發的教育。佛教的禪法有所謂「四念處」法 —— 身念處、受念處、心念處、法念處，此即為開啟心靈能力的路徑。學禪的人在身體上自我覺察，知道世事變

化、人際關係的種種感受，使自己的心靈超越生理障礙；次從感受上覺察，知道世事變化、人際關係的種種感受，使自己超越感受的障礙；再次則從內心的念頭上覺察，知道心念變易無常，使自己超越念頭的障礙，進而從萬法世界察覺，知道真我的意義超越物質器用世界及一切變動不羈的事物。如此一層層自我訓練，心靈能力自然提升，EQ 也就提昇。

　　佛教密宗（真言宗）對心所分析更為細密，《楞嚴經》有七處徵心，從內、外、潛伏根裡、內外兩在，隨合隨有、中間、一切等等，來覓心，觀察自己的心究竟在哪裡？大乘唯識更有五十一心所－－遍行心所五、別境心所五、善心心所十一、煩惱心所六、隨煩惱心所二十、不定心所四，細微地察覺自我心靈落入什麼狀態，以自我對治，如果將佛法覓心、徵心的方法在日常生活中時時實踐，自然能透徹自覺，增強EQ。

　　懷德海（Alfred North Whitehead）曾經說過，良好的大學教育是能夠讓大學生的年輕心靈在想像中學得知識，而與生活結合。他認為這種想像中學得的「見識」（vision）是近乎人文的心量，其重要性應先優於科技教育。（Whitehead，1929）提升心靈教育也正是大學通識教育人文回歸，開展人之「見識」的當務之急。佛教細密的心所覺知，不失為提升EQ，增強心靈教育的良好借鑑。

五、結　語

　　二十一世紀教育的目的應以人心為首要工作，在過去的一個世紀裡，人類因受產業革命及資本主義主導所走向的物

質科技文明，明顯已帶來進步的瓶頸與科技的限度（Milajlo Mesarovic、Edward Pestal，"The Limits to Growth"，1972）面對「全人」的省思與人類將發生「擇存」（triage）的困境，我們有必要如懷德海說的，讓目的理性的「見識」（vision）教育優先於工具理性（Instrumental Rationality）的知識教育。這也正是本文第一節曾引述的「人文主義的教育觀」（黃俊傑，民76）。

據行政院「提昇競爭力行動小組」的研究，我國面對二十一世紀，要重整自私、冷漠、混亂、失序的台灣社會，重登世界經濟舞臺，必須由「心」著手。石滋宜說：「心的改革，正是提升競爭力的主要關鍵。」石滋宜更指出這是 Mindpower，是 EQ，相對於代表 Brainpower 的 IQ，是人類潛能的無盡寶藏。（高希均、石滋宜，1996）

佛教教育以心靈爲學習主體，對心靈的體察細密、方法簡明，不論禪法或「六度波羅密」，一門深入，即能左右逢源。在西方人努力設計各種團體課程以提昇 EQ 的同時，如能參考東方心靈模式，以東方精神文明之一的佛教教育爲輔助，對心靈的建構、自覺的提昇、自制力的增強、情緒的管理與人際關係的圓融等等，種種 EQ 問題應可迎刃而解。

參考書目

一、中文專書

1.Howard Gardner《MI－開啓多元智能新世紀》，信誼基金會，1997年。

2.Howard Gardner《超越教化的心靈》，遠流出版社，1995年。

3.Daniel Goleman《Emotional Intelligence》時報文化，1996 年。

4.印順《妙雲集》之〈學佛三要〉正聞出版社，民 81 年。

5.龍樹菩薩《大智度論》圓明出版社，民 81 年。

6.慧因《楞嚴經易讀簡注》上海市佛教協會，1989 年。

7.高希均、石滋宜《競爭力手冊》，天下文化出版公司，1996 年。

二、中文期刊論文

1.楊國樞〈樂見《MI－開啓多元智能新世紀》中譯本出版〉
見《MI－開啓多元智能新世紀》一書序。P.1~3。

2.虞兆中〈大學通才教育的理論與實際〉，《思與言》民 71 年。

3.黃俊傑〈我國大學通識教育的挑戰與對策〉，清大《大學通
識教育研討會論文集》民 76 年，p.5~41。

4.李孝本〈早期禪學思想史述略〉，收於張曼濤主編之《禪宗
思想與歷史》p.169~188，大乘文化出版社，民 67 年。

5.陳佩吟〈EQ 的特質 VS 菩薩的特質〉，《金色蓮花》1997 年
4 月，p.26~31。

6.孔繁嘉〈佛法中的 EQ 模型〉，《金色蓮花》1997 年 4 月，
p.20~22。

三、西文專書

1.Rosovsky，H."The University－An Owner's Manual"，1990，
W.W.Nortion.

2.Alfred North Whitehead "The Aims of Education and Other
Essays"，New York；The Free Press ,1929,p.58~96.

四、西文期刊論文

　　Howard　　Lee　　Nostrand　　"Havard　　Alumni
Bulletin",vol.40,July1,1938,p.1143.

② 阿含經中的行政倫理觀

蕭麗華　　王立文

　　「阿含」即梵文 Agama 的音譯，意指「傳承」，在古印度認爲阿含是人類「完全傳承的睿智」，直接傳承著釋尊的教誨，可以說是佛教一切善法之總源，也是倫理觀之指歸，尤其是對各階層眾生的應機宣教，更是行政多元人際之間很好的借鏡。

摘　要

　　「阿含」亦作「阿笈摩」及「阿含暮」，譯言「法歸」，是萬法之歸趣；亦言「無比法」，謂法之最上者（見《翻譯名義集四》），本爲佛經總名。僧肇〈長阿含序〉云：「法歸者，蓋萬善之淵府，總持之林苑。」現今佛教界都把《阿含經》視爲小乘經典，恥於研究。其實它是根本佛教，爲原始佛教教義之起源，是釋尊及其直傳弟子言行之實錄。其行文體裁類似中國之論語，對當時社會各階層情事敘述極多，對佛教根本原理之「四聖諦」、「十二因緣法」、「五蘊皆空」、「業感輪迴」、「四念處」、「八正道」等也有詳細的說明，是體驗釋尊人格教養與應機宣化的首要根本。

　　由於《阿含經》蘊載印度當時社會各階層情事，因此透顯許多佛陀對上下內外階層間的當機教化，其中有俗世社會

與理想社會、好政府與階級觀念、在家居士與出家眾、佛教徒與外道等多重人際關係，這是倫理學的豐富素材；經中旨趣涉及的倫理觀與不同人倫階層的聽者，正是研究行政倫理很好的材料。力定〈四阿含經之提要研究〉一文已將阿含涉及的人、事、地、國名、經旨，分品分卷簡明表列（見《經典研究論集》頁 77，大乘文化出版社），筆者想進一步抽繹其各卷各品中的倫理觀，分次不同階層，對應於行政倫理觀察，以使佛教思想能為現代人文社會科學提供營養資糧。

「倫理」（Ethics）一詞意指個人的特性、本質、道德等等，主要是區別正確和錯誤，或善及惡。由中國語文訓詁來看，「倫者，輩也」，更代表群體之共同秩序、和諧與共進。而行政倫理涉及到上下階層、決策者與執行者等不同的人際互動，有其層級節制的結構與責任，在現今道德不彰，倫理泯滅的歪風之下，這種層級節制常常出現反功能（dysfuctions），例如部屬有歪曲或獨占資訊的傾向，或整個群性層級中的公平、正義、責任、權力，甚至忠誠、負責及公眾利益等問題，都需要倫理的自覺與省思。政壇行政中曾流傳所謂「老幹新枝」、「不忮不求」、「平常心」、「旺盛企圖心」等語，正是面臨倫理衝突下的思考。而在功利主義的世界潮流下，行政倫理更面臨市場導向、短期利益、權利意識高漲等種種考驗。如何讓行政倫理系統正常良好？如何達成形式階層與實質精神及工作效益等多重領導效能？如何使一個工作團體之上司與屬下間溫暖、互惠、尊重、公益？這正是本文透過阿含系統整理所要完成的重心。

佛教精神本具相當的倫理意義，其中「六和合」、「八正

道」、「四念處」等更涉及公德與私德，原始聖典－阿含經中處處可見佛陀對世間政道的關懷，其中教化君王的「七不退法」、「十德七寶」及象徵太平、民主、平等、群生、公益的理想國度，也正是行政領導與行政和諧範疇中的問題。因此本文一則考察現今行政倫理相關理論，一則整理《阿含經》中可對應於行政倫理的相關材料，以呈現《阿含經》中的行政倫理觀，提供終日困於行政冗務者一條悠游解脫的道路。

正　文

　　一個安定和諧的社會肇自倫理秩序的重整，一個積極、穩固且有效率的團體也肇基於行政倫理的成功。政壇曾存在「老幹新枝」、「不忮不求」、「平常心」、「旺盛的企圖心」等種種流行口語，正是涉及行政倫理的相關省思。行政關係具主從上下與同事同儕間的心理、經濟、公益、私利等等複雜因素，在世界潮流走向以市場導向爲價值，追求立即效應，員工權利意識高漲的今天，如何使主管具威權而不濫用職權？如何使部屬同心協力而不爭權奪利？正是關係行政倫理之公平、正義、公益等群性，及個體之負責、忠心、有才能等特質的一大課題。《阿含經》是佛陀在世時一連串說法與遊歷的實際記錄，是所有佛經的總源，是佛陀對世間參差萬法的省思。其中不僅宣說佛陀一己生命的自覺，更教化天人諸眾，歷涉不同人、事、時、地，對各個國家、各種眾生傳達個體生命安「心」法則及群治輔弼法寶，可以提供行政倫理相當豐富的素材。本文爲使佛陀利己和同的教法能爲時代所用，特從四阿含主體中採集佛陀智慧精華，對應於現今行政

倫理的觀察，分次為下列五小節，期使「阿含精神」重獲肯
定，使佛陀教法可以隨機敷用。

一、倫理的本質及其與宗教的匯通

「倫理」一詞相當抽象，在學科範圍中歸屬於「倫理
學」，然而據 William K.Frankena 的解釋：「倫理學是哲學的
一個課題，又稱為『道德哲學』，是對道德、道德問題和道德
判斷所做的哲學思考。」[1]因此「倫理」又涉及哲學範疇與道
德層次。

如依中國典籍的訓纂來看，東漢許慎《說文解字》說：
「『倫』字從人倫聲，輩也；『理』字從玉理聲，治玉也。」
鄭玄注《禮記》說：「倫，猶類也；理，猶分也。」由此可
見，「倫理」指一切人事物的類別次序與條理。由於「倫」
字從「人」，因此其重心仍在人，以人為主體，對人、事、
物等宇宙自然存在關係所作的終極思考，都可算作「倫理
學」。因此，「倫理」包括自我生命的省思、人生理想的建構，
乃至於人與人事物相處之道的體認與實踐。其中最常被指涉
的是中國人的「五倫」及人際間的倫常觀[2]，其實那是狹義
的倫理觀念；廣義而言，「倫理」一詞已等同於「道德」，意
即本體生命之「德」與宇宙自然之「道」的統一。換句話說，
即許多倫理學者所謂的人類行為的性質、行為的標準、良心

---

1 見 William K. Frankena《倫理學》頁五，李雄揮譯本，五男圖書公司
　八十年二版。
2 見梁漱溟《中國文化要一》頁八十說：「倫者，倫偶；正指人們彼此之
　相與。」里仁書局七一年版。

的現象及一切品性、人格、意志與道德德目等等[3]。

　　根據 William 的說法:「道德,就其爲一種社會節制系統而言,它一方面像法律,一方面又像習俗和禮儀。」[4]法律是對人的制約,是他律的;而習俗禮儀已有內化爲自律的傾向。倫理的本質應往自律的方向發展,而不只是他律的層面,也就是亞里斯多德的「智德」[5],是智慧提昇而後內化人格,外成德行的表現,這也是倫理真正的內涵。就這點而言,佛教發慧成德的教法,正具備充分的倫理功能,《阿含經》中強調「三十七道品」的自我修持與「慈悲喜捨」四無量心的施爲,更是倫理的積極實踐。

　　牟宗三認爲宗教是開啓人之理性,藉之通過各種型態的實踐,以純化生命而達到最高理想之境界[6]。康德也認爲「道德法則的圓善概念可以引致宗教。」[7]由此可見,宗教對倫理之至善引領功能。佛是「智者」、「覺者」,成佛及修德圓滿智慧臻於至善之境,《阿含經》中提到「明(智慧)爲一切善法之根本」,以阿含開展而出的三藏十二部佛陀教化,莫非「善」的智慧,由此可見倫理與宗教,尤其是佛教的匯通關係。

二、行政倫理的內涵意義與原理原則:

　　「行政倫理」或稱「公務道德」、「公務倫理」(Public

---

3 參見王臣瑞《倫理學》頁二,學生書局六九年版,即史中一《倫理學》頁五一,大中國圖書公司七六年版。
4 同註一,頁八。
5 轉引自 L, Kohlberg《道德發展的哲學》單文經譯本,頁三七,黎明文化專業七五年版。
6 見牟宗三譯《康德的道德哲學》頁二六八,學生書局七二年二版。
7 同上,頁三七。

Administrative Ethics）[8]，如依 Terry L. Cooper 的看法，行政倫理是主觀責任（Subjective Responsibility）和客觀責任（Objective Responsibility）的相關問題，其內涵涉及主觀之忠心（loyalty）、良心（conscience）、認同（identification）及客觀之法令、規章、上級交付的義務等等[9]。Terry 的觀點顯然將行政倫理分為「內在趨力」（inner drive，類似倫理學上的自律功能）與「外在義務」兩大範疇。

　　近年來心理學的人文主義（Humanistic Psychology）崛起，紛紛提出「價值」觀點，行政倫理又成為組織行為中「價值」與「規範」、「需要」、「態度」三範疇相並列的問題，依蕭武桐《公務倫理的理論與應用》一書詮釋如下[10]：

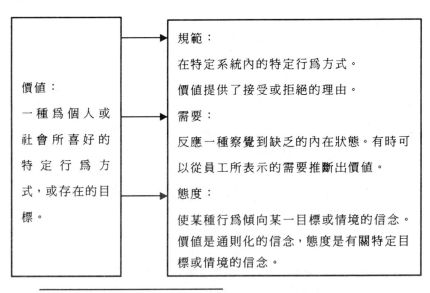

價值：
一種為個人或社會所喜好的特定行為方式，或存在的目標。

規範：
在特定系統內的特定行為方式。
價值提供了接受或拒絕的理由。

需要：
反應一種察覺到缺乏的內在狀態。有時可以從員工所表示的需要推斷出價值。

態度：
使某種行為傾向某一目標或情境的信念。
價值是通則化的信念，態度是有關特定目標或情境的信念。

---

8 見繆全吉〈行政倫理〉，公共行政學報四期，民國七十七年十二月。

9 Terry L. Cooper, The Responsible Administrator : An Approach to Ethics for the Administrative Role. Seconed. , (New York: Associated Faculty Press . 1986) PP.42-60.

　　從這種區別與融合來看，群體規範與個體需要都有一個價值目標存在，而價值目標影響到態度，可見「價值」是上下群己行為首要影響因素。換言之，行政倫理中的首要關鍵在「價值」之確立與協調，才能使組織有一致的目標及合理的規範，同時也能滿足員工的需要，促成其認同與努力的態度。這與 Dr. H.J. Leavitt 關於人的三個基本假設：人的行為有原因（causality）、有動機（motivation）、有目標（directedness）[11]正好相吻合。

　　除了 Terry 的「責任觀」及人文心理學上的「價值觀」外，Teremy F. Plant 和 Harold F. Gortner 兩位學者嘗試用兩種途徑來分析行政倫理的內涵範疇[12]：

	個體（個別）	整體（社會）
動態的 行為的	I （內部控制） 人性發展與改進 Human Development and Improvement	II 社會公道與回應 Social Equity and Responsiveness
法規的 正式的	III （外部控制） 倫理守則 Codes of Ethics	IV 功利主義 Utilitarianism

---

10　見蕭武桐《公務倫理的例\理論與應用》頁四四，民國八十年四月版。
11　參考 Dr. H. J. Leavitt《管理心理學》頁六，劉君業譯，遠流七九年一月版。
12　Teremy F. Plant & Harold F. Gortner, "Ethics, Personnel Management", and Civil Service "Reform", Public Personnel Management, Vol. 10, No. 1(1981), P.5

　　由這四個向度，我們可以配合以上內外責任說及價值說
來觀察。行政倫理涉及責任意識的內在性與外在性，組織之
間群己的規範、需要、態度與價值型態、主管的價值觀念、
組織的價值導向，綜合形成－混合而具互動性的價值系統。
上圖的四個向度中（Ⅰ）之「人性發展與改進」，涉及個體價
值的自覺；（Ⅱ）之「社會公道與回應」，涉及群體價值型態；
（Ⅲ）之「倫理守則」，則為群體與個體價值之綜合所落實的
正式法規；（Ⅳ）之「功利主義」則完全以組織價值為導向，
正是邊沁（Bentham）主張的「最大多數的最大幸福」。因此
組織群己之間所綜合形成的價值系統越優質化，也關係著組
織個體與群體的優質化，即行政倫理的良好健全。

三、《阿含經》為佛教倫理觀之總源

　　佛教初級分根本佛教與原始佛教，東初老人說：「根本
佛教即『阿含佛教』,《阿含經》為釋尊及其直傳弟子言行實
錄。」[13]而原始佛教為釋尊再傳弟子以後的佛教，至於其後
的大眾部、上座部之部派分別則更為支蔓，可見阿含經在佛
教史上的根本地位。

　　阿含經係西元四世紀末開始翻譯入中國的，然而一般人
對此經一直不太知曉。尤其是智者大師判教之後，《阿含經》
一直屈居小乘經典，不受重視。殊不知《阿含經》是佛陀一
生思想的精華，古印度人非常重視它。

　　佛陀在菩提樹下成就無上證覺後，三七天在樹下敘述自

---

13 見東初〈阿含概說〉，收於《經典研究論集》頁二一。大乘文化七二
　　年版。

己開悟出來的莊嚴教義，即為《華嚴經》，此三七天即「華嚴時」。可惜世人鈍根，不解精義，於是佛陀在此後十二年裡，深入淺出地鋪述為阿含教義，阿含時期即鹿野苑說法時期，故稱「鹿苑時」。《四阿含經》即此時佛陀最早的聲音、語詞、行跡的記錄。

　　所謂《阿含經》並非指單一的經典，而是許多阿含經典結集而成除四阿含外，尚有許多別出異譯的阿含經典，即如《四阿含》本身也是經典群的集合。據梁啓超的考定，《阿含》是佛滅後四個月首度結集的經藏群之總[14]，可視為佛陀生前說法的總結。

　　「阿含」即梵文 Agama 的音譯，意指「傳承」，在古印度認為阿含是人類「完全傳承的睿智」[15]，直接傳承著釋尊的教誨。內容涵蓋（一）釋尊之生涯，包括其前世、今世、來世的訓誨及自傳。（二）釋尊的教義，從其三十五歲悟道到八十歲入滅的四十五年之間，所有在中印度各地旅行說法的內容，都被記載下來。因此，「阿含」又稱「阿笈摩」及「阿含暮」，譯為「法歸」之意，是萬法之歸趣；亦言「無比法」，謂法之最上者（見《翻譯名義集四》）。僧肇〈長阿含序〉云：「法歸者，蓋萬善之淵府，總持之林苑。」[16]我們可以在《阿含經》中讀到有名的《法句經》，是古老詩句的蒐集；《本生經》是佛陀前生之譯文；《初轉法輪經》是佛陀首度的教誨；還有說明釋迦晚年旅行及涅槃光景的《大般涅槃經》、網羅外

---

14 梁啓超〈說四阿含〉一文，收於《經典研究論集》頁三。
15 參考《何謂生——阿含經》一書之序文，大展八十年十二月版。
16 大正藏卷一，頁一，〈長阿含經序〉。

道教誨的《沙門果經》、包括六十二見之論的《梵網經》及為優婆夷信仰的《六方禮經》等。《阿含經》中對佛教根本原理之「三法印」、「四聖諦」、「十二因緣」、「五蘊」、「六入」、「業感輪迴」、「四念處」、「四正勤」、「四如意足」、「五根五力」、「七覺支」、「八聖道」等早已有極精微的闡發；對當時印度各階層情事、國與國之間，四種姓之際，也有「四攝法」、「六和合」、「七不退法」、「十善行」、「十上法」、「四結」、「六方」等開示，可以說是佛教一切善法之總源，也是倫理觀之指歸，尤其是對各階層眾生的應機宣教，更是行政多元人際之間很好的借鏡。

《阿含經》所以分為四部，據《薩婆多毗婆沙》卷一[17]云：

> 為諸天世人隨時說法，集為「增一」，是勸化人所習。
> 為利根眾生說諸深義，名「中阿含」，是學問者所習。
> 說種種禪法，名「雜阿含」，是坐禪人所習。破諸外道，是「長阿含」。

梁啟超則引〈增一阿含序品〉所云：

> 時阿難說經無量，誰能備具為一聚，或有一，法義亦深，難持難誦，不可憶，我今當集此法義，一一相從不失緒。

梁氏據此認為阿難既將諸經誦出，後慮其散漫難記，於謀集以「一聚」的方式，總持分次之。[18]〈增一阿含序品〉又云：「契經今當分四段，先名『增一』，二名『中』，三名曰『長多瓔珞』，『雜經』在後，為四分。」可見《四阿含》

17　大正藏卷二三，頁 503-504。
18　同註一四，頁四。

是佛弟子有意將佛陀對不同對象的各種說法作系統分次的安排。四阿含之分不過是爲了分了教義而別。

印順導師更進一步認爲：「在說一切有部中，《增一阿含》是譬喻師，《中阿含》是阿毗達磨者，《雜阿含》是禪師所特重」[19]。可見分次乃法義之分別與修習之間各有輕重而已，其源實一。

力定在〈四阿含經之提要研究〉一文中對《增一阿含》之提要研究，有分卷分品的經旨提要整理[20]。僅《增一阿含》經群中，我們已可發現其間涉及的國家有舍衛國、羅閱國、跋耆國等二十餘處，當機聽者有諸比丘、阿邦長者、釋提桓因、那憂羅公、婆羅門、梵志諸萬千眾及佛陀的四眾弟子等等；而其法數由一分至十一分，由一法之滅愚癡、捨離入泥洹始，而二因緣二施，而戒定慧三法，而四聖諦法等等，乃至十一苦行、十二因緣，無不備述，《阿含經》爲佛教倫理善法之總源是毫無疑問的。

四、阿含中的行政倫理層次：

由二三兩節，我們可以知道行政倫理上下同事間的層級關係，也了解其倫理向度，而《阿含經》中既具備諸眾階層，又具一切善法，正足以對應來思考期間的行政倫理觀。以下，我們將以個體、群體、主從三種層次來檢視《阿含經》中的教法。

---

19 印順導師《原始佛教聖典之集成》，頁 490，六十年版。
20 力定《四阿含經之提要研究》，收於《經典研究論集》，頁 75。

（一）個體生命價值系統的自覺：

佛陀的教法主要是喚醒生命的自覺，得到大自在、大智慧，這種自在與智慧又需透過生命實踐而證得，故而說「佛」就是「覺行圓滿的智者」。《阿含經》由一而展萬法，無非都是對生命省覺的提示，唯有通過生命的自覺，個體價值系統才能永恆穩固，而有較大的群體關懷。《長阿含經》的《大本經》中，佛陀提出毗婆佛初成道時的二觀：「一曰安隱觀，二曰出離觀」，「安隱觀」是反觀自照的內證功夫，「出離觀」是離卻塵染的清淨修為，兩者是保持個體省覺的根本法門，佛陀由之而開展「四聖諦」、「五根」、「六入」、「五戒」、「六度」、「七覺支」、「八聖道」等等個體證道的精進路徑，這些在《阿含經》群中不斷地被反覆誦歎。其中「四念處」、「四正勤」、「四神足」、「五根」、「五力」、「七菩提分」、「八聖道」為後來佛教界定論為「三十七道品」，也都是脫化自《阿含經》之《大本經》、《遊行經》、《小緣經》、《眾果經》、《十上經》及《中阿含》、《雜阿含》、《增一阿含》的其他經典。《中阿含》《未曾有法品阿修羅經第四》云：「（有）珍寶名者為四念處、四正勤、四如意足、五根、五力、七覺支、八支聖道」（《大正藏》卷一、頁四六九），《大般涅槃經》亦云：「三十七道品法：四念處、四正勤……。」（《大正藏》卷一、頁一九一）。這「三十七道品」正是佛陀對個體生命自覺的大開示，正如組織團體中的倫理守則一樣，對生命自發省覺及人性之發展與改進上有很大的幫助。「四正勤」指已生惡令斷、未生惡不生、未生善令生、已生善令增長，是生命向善邁進的引導；「四如意足」指「欲如意足、念如意足、進如意足、慧如意足」，

使個體發願心存正念，行正行，精進而得智慧。「四念處」指「觀身不淨、觀受是苦、觀心無常、觀法無我」，可使個體生命保持出離觀，轉污染為清淨，袪虛向實，除妄得真；「五根」指五種生善之法，始未萌、微發、未根生或萌而易壞的「念」得以保有根生；「五力」則持此善根，力行精進；「七覺支」指「擇法覺支、精進覺支、喜覺支、除覺支、捨覺支、定覺支、念覺支」；「八正道」指「正見、正思惟、正語、正業、正命、正精進、正念、正定」等，也都是助道趣向善法的實踐，可見佛陀對個體生命善行智慧的叮嚀[21]。

　　個體的自覺，人性的改進，是佛陀教法的第一要務。出生為人是六道中最為難能的機緣，如何速成菩薩精神，離苦得樂，得四聖諦法之正道，正是佛陀對人世最高的指導；所有三藏十二部之教無非此道，戒、定、慧之學也無非此法。在一個組織團體中，正足以提升組織成員的品質，達成行政倫理的第一步成功。

（二）群體價值型態的正義與公益

　　群體價值的型態須由首長部署獲得共識，即功利主義學說中所謂「群體的最大幸福」，這種價值型態不能決定於主管的片面考慮，也不能操之於少數私利個體的主導，而需由組織群體取得社會公道與回應，也就是站在功利主義和平的原則。《阿含經》中記載佛陀時代十六國政府的共和情形[22]，對

21　以上三十七道品諸德目除了參見四阿含解說外，可參考印順導師《空之探究》第一章「阿含——空與解脫之道」，正聞出版七十九年十月五版，及證嚴法師《三十七道品講義》，慈濟文化八十年版，此處因限於篇幅不作贅述。

22　參考憍桑比〈佛世時印度十六國的政治形勢〉，見《佛教與政治》一

群治社會性的組織團體也有正法大利；而且佛陀本身在當世的僧團組織領導，較諸當時的共和國家更能使我們得到群體價值提升與和諧的啓示。

《長阿含經》的《大本經》中佛陀解釋沙門之意：「沙門者，捨離恩愛，出家修道，攝御諸根，不染外欲，慈心一切，無所傷害，逢苦不戚，遇樂不欣，能忍如地，故號沙門。」又云：「戒經忍樂爲第一。」佛陀對沙門的教誨是人世最高的和平（即「慈心一切，無所傷害」）沙門淨修也正是以此爲最大努力，這是群體價值的最高理想。

而對於一個共和式的組織，佛陀對拔祇國的「七不退法」之教，正足以作爲考量組織群體功利價值能否提升的標準。當摩竭王阿闍是考察拔祇國是否能「數相集會，講義正事否？」、「孝事父母，敬順師長否？」、「恭於宗廟，致敬鬼神否？」、「閨門真正潔淨無穢至於戲笑言否？」、「宗事沙門，敬持戒者，瞻視護養，未嘗懈惓否？」這七事能行則國不能滅。我們以此參對行政組織的關係，也可以了解組織間集會講議正事，奉法曉忌的必要，及上下和順，恭敬鬼神，潔淨無穢等的正向意義。佛陀進一步教導跋祇國人「七增法」：

1、樂於少事，不好多爲。

2、樂於靜默，不妙多言。

3、少於睡眠，無有昏時。

4、不爲群黨，言無益事。

5、不以無德而自稱譽。

書，頁一。

6、不與惡人爲伴黨。

7、樂於山林閑靜處。

這七事可使跋祇國人免於滅亡，且能增進利益，[23]同樣也能做爲行政者的群治考量。

僧伽生活中的「六和敬」，是集團生活和樂共存的極佳法則：僧伽中不論其種族如何，一律平等，同受教育，同守一戒律，並共同決議，此爲「戒和」。站在同一立場，抱同一立場與目標，此爲「見和」。僧伽中財產共享，不受私贈私有，此爲「利和」。有此三和之體，乃進而「意和」、「語和」、「身和」，互相和悅，公正、慈愛、禮敬，這是政治上的大同理想[24]，也是組織中的絕佳倫理價值，組織群體有此共同決議而產生的法律規章、價值系統，也必然能「同戒」、「同見」、「同利」而和諧共榮。

（三）主從同事關係的互動

組織中最大的問題莫過於主從與同事間的人際關係，如何使這種關係達成自發省覺的倫理效益，而不是守則法制式的制約而已，這點《阿含經》中也有極佳的教法。

五戒之不殺生、不偷盜、不邪淫、不妄語、不飲酒本是安定人心，諧同群體的人際先決條件，佛陀於《阿含經》之《善生經》早已提出先此五戒的「四法」之教，《善生經》中佛告善生：「殺生、盜竊、淫逸、妄語」是「四結」，「畏伏、美言、敬順、惡友」是「四怨」（《大正藏》卷一，頁七一），

---

23 有關「七不退法」「七增法」詳見長阿含經《遊行經》上，大正藏卷一，頁一一。

24 本樸〈佛教的民主思想〉即以六和同同於大同民主政治，收於《佛教與政治》一書，頁七二。

而一切「怨結之生皆由貪嫉」(《釋提桓因問經》見《長阿含》卷十四)，人與人間如有貪嫉，則生愛憎，則生怨結，四法因而可視爲群體同事間的大忌。而四怨中的畏伏一則先與後奪，二則與少望多，三則畏強，四則爲利，都是貪著的行爲顯跡。其他如表面的敬順、美言、先誑後欺、逸樂博戲之惡友等，也是害群之因。

《佛說大集法門經》中，佛陀更提出「四隨眾事」及「四攝法」來作爲同事關係互動的理念[25]。所謂「四隨眾事」，是「與眾同一住處」、「與眾同一飲食」、「與眾同一受用」，用今日的語言即同甘共苦、共同奮勉、共同檢討、共同承擔。「四攝法」指「布施」、「愛語」、「利行」、「同事」，也是指濟助他人，善待同仁，利行共霑，同事承擔等的人群互動，有此善法，同仁間的關係必能更趨倫理和諧。

除同仁關係外，佛陀在《阿含經》中對主從關係也有具體的提示。《善生經》中有「六方」之教，其中僕童爲下方，主使僕童當以五事教授，僕童也當以五事奉其主〈《大正藏》卷一，頁七一〉。《尸迦羅越六方禮經》則具體提出六方五事之教，其中大夫視奴客婢使五事爲：一者當以時飯食與衣被；二者病瘦當爲呼醫治之；三者不得妄撾捶之；四者有私財務，不得奪之；五者分付之物當使平等。可見五事關係主管對從屬的衣食福利、安養治病福利、人道領導、公平獎勵及不與下屬爭利等種種善行。而奴婢使事大夫也有五事：一者早起，勿令大夫呼；二者所當作，自用心爲之；三者當愛惜大夫物；

---

25 大正藏卷一，頁二二八。

四者大夫出入，當送迎之；五者當稱譽大夫善。由此可見屬
下對主管當有敬順、稱善的認同與禮敬，對公物之珍惜，對
公事之盡心也涵寓其中。

　　另外《增一阿含》卷二四第六經，特別列舉國王十德對
治慳貪、瞋恚、不受人諫、暴虐無慈心、枉民橫閉、非法邪
行、貪著他色、嗜酒不政、好歌舞戲樂不務公事、抱長患身
心不健、不信忠孝之臣等十大惡行；國王「十德」即主管修
養之不貪、不怒、不邪、不狎戲、不慌亂、不私曲，而有受
諫、治化、和穆群倫的領導能力。

　　此外《大薩遮尼乾乞子受經記》〈王論品〉，對懲治犯罪
「依實、依時、依善、柔軟而非粗獷，慈心而非瞋心」的提
醒，足供主管行政參考；此經中尚涉及國家稅捐、律法等問
題[26]，也是主管治世待人的重要智慧。〈王論品〉中更提出所
謂獨尊貴勝的「轉輪王」，即古來儒家所謂「明君聖主」，這
更是行政首領的人格典範。

　　主從同事間的互動，除了各自崗位上的守法守分自覺
外，《阿含經》中的「四無量心」無疑更是互動關係最好的自
發維繫力量。「四無量心」指慈、悲、喜、捨，是四阿含中反
覆提到、遍緣無量有情的善法。「慈為一切功德之母」，《雜阿
含經》卷一○敘佛宿命：「曾於七年中修習慈心」(《大正藏》
卷二，頁六七)，這是佛本生傳說，在《中阿含》、《增一阿含》、
《長阿含》中同樣提到，佛本生善眼大師教弟子們修習慈心，
住梵世界，四無量心又稱「四梵住」即此。今日「慈濟功德

---

26 參考楊惠南〈以阿含經為主的政治思想〉，見《佛教思想新論》頁二
　　一，東大圖書七一年版。

會」以此為宗旨，普濟眾生，形成超越任何黨政團體的龐大組織，其會員委員之間的自發、自動、互敬、互重下是源自此四無量心的力量，因此四無量心實為組織成員間最好的倫理。

五、結論 ── 彌勒淨土的化現

《增一阿含》卷十一第五經提到「彌勒菩薩經三十劫，應當做佛至真等正覺」的預言，代表著群治社會的淨化與理想，屆時七寶具足的輪王已降生，四海清肅，群生正理，設化平等，這是阿含教法的理想具現。如果我們能善體阿含中的諸善法，用以導正群生，小至公司團體、學校機關，大至國家世界，也必能臻於彌勒淨土的理想狀態。到那時組織中主從和諧，人性昇華，慈心相待，無畏苦難，同事同利。主客關係間不只是形式化的隸屬，更是精神上的依從；主管除了專業的領導，更具人格感召；部屬也能忠心、盡責，共同達成行政倫理的至境─這一切在《四阿含》中大到理想的揭櫫，小到各層次德目的條例，都已完善具陳，《阿含經》中的「行政倫理觀」由此可知。

③ 禪宗公案的創造性思維

蕭麗華　　王立文

公案這種密意商量，可以視爲心靈之創造性思考活動，是純粹化、淨化的知覺活動。通過這種活動，對創造力的訓練，對真理的發現，應有積極的意義。

摘　要

禪宗是中國佛教中的重要派別，所以稱爲「教外別傳」，完全以它「不立文字，直指人心」的特殊方式，而顯現其與佛教本體論與方法論上迥異的途徑，是一個敢於標新立異，極具創造性的教派。關於禪宗的思維，國內外不少學者認爲它是直感的、印證的、非理性的，是排斥語言邏輯的瞬間認識。因爲禪宗在研究認識對象 ── 佛、法等問題時，採用主賓相分，機鋒交錯、雨棒雷喝等活活潑潑的、無跡可尋的方式，完全非語言文字、邏輯思維所能索解。的確，就禪悟的本身來說，「言語道斷」、「一切有爲法，如夢幻泡影」，本來是廣闊的、自由的、無限量的、不能以任何思維模式範限的，然而唯其如此，才更顯出禪宗教法之多樣多姿，具不可周延的創造性。

本文嘗試從唐宋五家七宗的禪宗歷史源脈中找尋歷代祖師們相互問答提撕的語錄，如《汾陽錄》、《碧巖錄》、《空

谷集》、《虛堂集》、《無門關》等等，這些語錄是禪師們禪悟
的內在經驗，內容或呈解或請益，或察辨或探拔，實、假、
動、默、徵、審……，篇篇是剖斷迷悟、對機垂示的語言和
動作，充滿著極精緻細密的邏輯的和反邏輯的各種思維方
式，可與西方創造性思考的相關理論比對參究，歸納分析。
相信一方面能有益於開發人的潛能、提昇創造力，一方面對
參禪悟道也能提供機趣橫溢的參悟途徑。

一、前　言

　　禪宗是中國佛教中的重要派別，所以稱為「教外別傳」，
完全以它「不立文字，直指人心」的特殊方式，形成在佛教
本體論與方法論上一個敢於標新立異，具積極創作性的教派。
　　關於禪宗的思維，國內外不少學者認為它是直感的、印
證的、非理性的、下意識的，是排斥語言邏輯的瞬間認識，
因為禪宗在研究認識對象 ── 佛、法等問題時，反對言語文
字，也反對邏輯思維，完全採用主賓相分，機鋒交錯、雨棒
雷喝等非言語文字可索解的印心方式。就禪悟的本身來說，
「一切有為法，如夢幻泡影」，是無限量的、廣闊的、自由的、
十全的，是不能以任何思維模式範限的，然而也唯其如此，
禪宗才更具不可周延的創造性。
　　本文為了初識禪宗的教育方法，了解禪祖師示法的路
徑，因此常是從唐宋五宗七派中找尋歷代禪師應機示教的語
錄，對應於西方創造性思考的相關理論，加以比論參究，歸
納幾種思維模式，一方面彰顯禪宗所具有的創造性，一方面
或許可以禪益學人開發自我，尋繹參悟途徑。

二、關於創造性思維

　　關於「創造性」思考是西方心理與教育學界自十八世紀中葉以來屢屢涉及的問題，陳龍安認爲 Alex F. Osborn 應是推動創造性思考及問題解決教學的第一人，因爲他在一九五五年發展了《應用想像力》一書，並於 Buffalo 大學創立「創造性問題解決機構」（Annual Creative Problem Solving Institute），成爲創造性思考提倡的先期人物（陳龍安，民79）。近二十年來，許多研究教育理論者都實驗性的試用不同方法來改善個人的狀態 ── 尤其是語意單位的擴散性思考（DMU）、語意類別的擴散性思考（DMC）、語意轉換的擴散性思考（DMT）的能力，這些都是開發創造性思考的各種教育實驗。廣泛運用這種教育實驗的是 Sidney J. Parnes 和 Rarth B. Noller 在 Buffalo 州立大學學院的實驗，其結果顯示「創造性思考」教育能增強人的擴散性思維、認知能力，甚至也有益聚歛性思考及自信心。（陳龍安，民79）

　　如果要簡單定義「創造性」思考相當困難，因爲創造本身以新奇爲尚，代表不可周延不可範限的新創發，而且是對每一個不同個體而言，譬如某甲的創造，對某甲是新的開創，對某乙可能不是新奇的，郭有遹定義「創造」爲：「創造是個體或群體生生不息的轉變過程，以及智情意三者前所未有的表現。其表現的結果使自己、團體、或該創造的領域進入另一更高的轉變時代。」（郭有遹，民78）

　　要了解創造思考需從人類智力結構了解起。基爾福特（T. P. Guilford ,1967）認爲智力乃處理資料（information）的能

力或功能。資料就是我們所知道的事物，因爲其內容有所不同，處理的方式亦有區別，其結果也有差異，因此人的智力應分爲內容、結果、運作三個面，內容是思考的材料，結果是資料的組織，運作乃智力的功能。（T. P. Guilford ,1967）。基氏這種「智力結構」（The structure of Intellect，簡稱 SOI）模式，最能看出創造思考活動進行時，這些要素共同的運作關係。陳龍安先生根據基氏這種模式表列一名爲 SIPS 的「問題解決的智力結構模式」（如表一），可以供我們檢查任何疑惑、任何困境的 information 輸入到被輸出之間的各種影響因素。

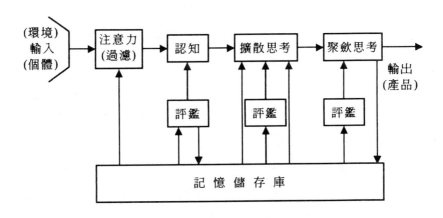

表一：問題解決的智力結構模式

　　日本學者山本通隆曾由禪學的觀點來分析創造性。他將意識分爲十個層次，稱之爲「十在意」，來觀察創造性意識之發展過程。「十在意」包括：無知（意識以前的領域）、幼智（意識領域）、理智（理論意識的覺醒）、開創（聆聽教訓而

有所領悟）、緣創（由於某些機緣的靈機）、行創（順應需要所導致的靈機）、空創（順應一切行為的靈機）、真創（所作均為真實）、至創及極創（最高的創造領域）（見陳昭儀，民79）這種說法使禪之創造性能初步被分析出來，但仍然只是意識層次的各種不同開發境界，與禪悟的最終目的 ── 破生死牢關應不相同。然而由此，我們可以看出禪在趨向超悟障礙的道路上能予人智力上的開發是可以肯定的。

　　「量子理論」之父 Max Planck 認為科學家應該「對新構想有活潑的想像力，不是由演繹法推論出新構想，而是一種藝術性的創造想像。」（哈佛管理叢書，民79，P.11）因此我們可以看出創造性雖為智力之開發，但不是等於智商（IQ），它只是一種統合與利用左右腦的開發工作。人的左腦與右腦各有所司，如表二，創造性思考教育旨在開發這種統合應用的能力，禪修訓練也是能帶來這個開發。因此有高智商低創造力的人，也有高創造力低智商的人。（盧雪梅，民79）

表二：人類左右腦分司圖

左　　腦	右　　腦
說	不經描述，即能知曉
讀	立即看出整個事物
寫	看出相同之處
分析	了解類推和隱喻
思想的聯貫	直覺
摘要	洞察力

分類	感覺劇情內容
推論	綜合
說理	想像
判斷	空間的認知
計算的數學能力	視覺的記憶
字句的記憶	分辨類型
使用符號	以自己的方式感覺
管理時間	使所有事物與目前相結合

三、何謂公案

　　所謂公案是指禪宗祖師們內在禪經驗被記錄下來的語錄，內容多為佛法示機問答。這些問答妙旨不在文字，所以《碧巖集》云：「參得一句透，千句萬句一時透」(《碧巖集定本》P.13) 其間「棒如雨點，喝似雷奔」「一機一境，一言一句，且圖有個入處」(同上 P.1、P.9)。

　　巴壺天綜合《碧巖集》、《雲棲正訛集》及《中峰廣錄山房夜話》的解釋，定義「公案」是：「公府的案牘，所以剖斷是非；祖師們對機垂示是所用的語言和動作，所以剖斷迷悟。」「公案是能喻，祖師的垂示是所喻。」(巴壺天，民 67)。

　　據無礙《禪公案的意義與價值》云：「禪學上的公案是於一般佛學中很難看到一特色，可以認為是禪學的中心，頌古、拈古或評唱等公案的提撕、解釋，為禪僧的一重要事業。」(無礙，民 67) 因此，歷代祖師的教法是成為後來禪僧參學與教育的重要材料，公案語錄的編著也就成了禪門重要工

作，今日可見的重要公案如下：

　　1、《汾陽錄》（汾陽善昭頌古、慈明楚圓集）百則

　　2、《碧巖集》（雪竇重顯頌古、圜悟垂示著語評唱）百則

　　3、《空谷集》（投子頌古、林泉從倫評唱）百則

　　4、《虛堂集》（丹霞頌古、林泉從論評唱）百則

　　5、《從容錄》（宏智頌古、萬松示眾著語評唱）百則

　　6、《無門關》（無門慧開頌古評唱）四十八則

　　7、《宗門拈古彙集》（清・淨符編）一千三百則

　　8、《禪苑蒙求》（宋・志明編、元・德諫註）五百則

　　除此而外，頌古、拈古仍多，元善俊曾以《五燈會元》為中心輯成《禪林拔類聚》二十卷，集得公案八百十三則。日人乙部魁芳編《禪門公案大成》，集得五千五百公案。（以上見無礙，民 67）現今佛典今譯的整理中，也有廖閱鵬《禪門公案三百則》有白話新唱與分析（廖閱鵬，民 85）

四、禪宗公案的創造性促媒與思考關礙

　　美國教育家荷姆（O.W.Hlom）指出人類智能發展的三層樓理論（如表三），其中第三層樓人是較具創造力的人，是以統合一、二層樓的認知，進入創發性的作為。換句話說，創造力的基礎是通過吸收、記憶、理解的智能，加上不拘泥傳統舊說、不斷求新的思考而有的靈感。（陳樹勛，民 78，P4~P22）

表三：O. W. Holm 三層樓理論

一樓人	他除了吸收過去的智識以外，別無其他目的。讀書好比為了消遣或好讀書而不求甚解。遇有困難即行躲避，所謂食古不化，或是學而不思，只為消磨時間而已。
二樓人	他要求理解，而且把各種智識予以比較，分辯真偽，加以推斷。他利用了古人的努力，同時加上自己的努力，去偽存真，發掘真理，做到格物致知的地步。
三樓人	他不以致知為滿足，還要運用思考構成理念。運用想像力產生新的觀念，運用新的方法解決舊的問題，或是改良舊的產品，甚或創造出前所未見的產品這才是智識的果實。

　　陳樹勛歸納這種創造性思考的促進劑（The Impetus Of Creative Thinking）包括：「充分準備、廣泛想像」、「高度熱忱、強烈好奇」、「交換環境、觸發靈感」、「運用聯想、伸縮組合」等，特別是想像力的開發，包括：臆測想像（Speculative Imagination）、重現想像、構造性想像（Structural Imagination）、代替性想像（Vicarious Imagination）、預期性想像（Anticipative Imagination）（陳樹勛，民 78，P.59~68）。從這些具聯想、代替、重現、想像等特質的創造性思考，可以對應公案的各種問答形態來看。《汾陽錄》中，汾陽善昭設十八問如下：

1、請益問：乞請師家解決胸中疑團。

2、呈解問：問自己見解是非。

3、察辨問：提出難解問題，要評價師家輕重。

4、投機問：試問自己所證與師家所證同別。

5、偏僻問：急迫師家驗問。

6、心行問：雖得悟更問師家。

7、探拔問：探查他人見解深淺。

8、置問：直接利用古人問答而問。

9、故問：質問故事。

10、不會問：未會得的質問。

11、擎擔問：裝似敬他人而愚弄的問

12、備事問：借故事譬喻或世間一般事情而問宗乘。

13、實問：由事實上問而檢查師家。

14、假問：以假設問其目的。

15、默問：不以言語表現而依動作進問。

16、明問：明一事後，更向他事。

17、審問：呈不審之點而問。

18、徵問：徵頡難問師家。

從這十八問（無礙，民 67）可知，禪宗公案中充滿對傳統及師教的挑戰性，這正符合創造思考促媒之「高度熱忱、強烈好奇」。其問答法中有各種虛實、動默、明暗、徵審的假設，譬喻，聯想，也符合創造思考促媒之「廣泛想像」「觸發靈感」「運用聯想」等，因此公案這種密意商量，可以視為心靈之創造性思考活動，是純粹化、淨化的知覺活動。通過這種活動，對創造力的訓練，對真理的發現，應有積極的意義。

　　另一方面，我們從創造思考關礙與禪修障礙、禪門三關對應來看，也可以看出公案的創造性能。

　　創造思考的關礙（The Blocks To Thinking）一般可分為「認識」、「感情」、「習俗」三部分。 由於人在認知基礎上的不足，如真象不夠清楚、先入為主觀念影響、原因與結果不分、習慣性作風影響等等，造成認識上的關礙，將阻礙創造性思考的活力。感情上人的自卑、成見、驕傲、私心、急切、惰性或瞻前顧後、患得患失等心理因素，也是思考的一大關礙。另外如倚靠常識、相信經驗與社會風俗或習慣、相信權威等等，屬於習俗性關礙，也妨礙創造力。（陳樹勛，民78）

　　禪公案參悟的障礙與上述創造思考的關礙也有相應合處。巴壺天認為公案索解不得的原因一是禪理障，二是摹寫障。（巴壺天，民 67）禪理障因個人情執未淨、真相未明，可算是「認識」與「感情」方面的關礙。摹寫障因譬喻與象徵的語文難明、諺語方言的阻隔，可算是「習俗」方面的關礙。打破關礙，才能開啟創造力，在禪公案來說也就是除蓋去障，「打破漆桶」、「忽然啐地破」、「掃破太虛空」的證悟功夫。

　　公案並非被理解的，公案是參證的，參禪看話，其實是要起疑情，「大疑大悟，小疑小悟，無疑無悟」，疑情現前，正是關礙現前，才能掃蕩疑情，盡除關礙，證得與公案完全一致的瞬間體悟。因此禪宗有初關、重關、末後關之說。清世宗《御選語錄》以為初關是前後際斷、重關是常住不動、末關無聲無滅。融熙認為初關是下品轉識成智的觀喜地、重

關是後純無漏的遠行地、末後牢關是上品妙觀察智的八地以上菩薩（融熙，民67）。惟覺老和尚說，初關是破本參，一下子把第七識參破，把疑團打破，也就是破我執，屬於見道位的開悟；但開悟尚未了生死，悟後起修，破法執，除去八識田中的種子，此時就入聖位，能了生死，有感應、有神通，這是破了重關；如果再繼續用功，破除無始無明，契入清淨法身，才是破生死牢關。（釋惟覺，民83　P.13-15）

　　有關禪宗三關的說法紛紜，因證悟淺深難以語言文字傳，但三關之說可以看出禪修對自我境界的除垢布新，層層展開，是禪宗公案具創造力的事實證明。

五、公案的創造性思維舉隅

　　近年來創造思考教學在毛連塭及陳龍安等人的提倡下，已在國內中小教育界推介開來，市立台北師範學院甚至有《創造思考教育》的年刊雜誌發行。但禪宗教法之多元、活潑、具創造性卻乏人問津，截至目前，有關禪與創造性的文章只有賴國根（民79）《禪與創造思考》、府憲展（民84）《禪宗的創造性思維形式》二文，但討論禪問答的文章倒不少，如吳怡（民69）《禪宗公案問答的十個格式》、楊新瑛（民73）《禪宗公案的基本法則及語言價值》、張育英（民84）《談禪宗語言的模糊性》、楊惠南（民75）《論禪宗公案中的矛盾與不可說》等等。本文茲綜合諸家之說，歸納思維方法，分類撮舉公案為例，說明禪公案各種創造性思維的大端。

1.直指式

　　直指式思維即「當下即是」，是一元的，單指向的，突

發性的思維形式。是快刀斬亂麻，去掉紛雜的假象，直接抓住中心和本質。例如《傳燈錄》載道明問法：

> （道明）乃曰：「我來求法，非為衣也，願行者開示於我。」祖（慧能）曰：「不思善、不思惡，正恁麼時，阿那個是明上座本來面目。」

六祖對道明的指示不存在別的地方，不需要繁瑣的方法，道明即識本來面目。

又《五燈會元》載俱胝一指禪的公案：

> 俱胝和尚凡有詰問，唯舉一指，後有童子因外人問和尚說何法要，童子亦豎指頭，胝聞，遂以刀斷其指，童子負痛號哭而去，胝復召之，童子迴首，胝欲豎起指，童子忽然領悟，胝將順世，謂眾曰：「吾得天龍一指禪，一生受用不盡」。言訖示滅。

天龍一指禪也是直指人心的一種方法，「一指」本身沒有意義，只是象徵「直指本心」，當童子「無指」自然明白。

2.平行式

平行式思維是運用對比、借喻的形式，由彼及此的一種方法，如《金剛經》和《中阿含經》中的「筏喻」。《傳燈錄》載懷讓「磨磚」的譬喻也是：

> 有沙門道一住法院，常日坐禪，師知是法器，往問曰：「大德坐禪，圖什麼？」一曰：「圖作佛」。師乃取一磚於彼庵前石上磨，一曰：「磨磚作麼？」師曰：「磨作鏡。」一曰：「磨磚豈得成鏡耶？」師曰：「磨磚既不成鏡，坐禪豈得成佛耶？」

這段對話中馬祖坐禪，懷讓以「磨磚」為喻，點醒他冥

思枯坐無益本心。「禪作不能成佛」與「磨磚不能成鏡」,形成平行的對照。

3.雙關式

雙關式指運用同音、同形予以聯想,也就是一語雙關的方式,如馬祖道一警告到石頭希遷處參學者「石頭路滑」,大梅法常禪師得道,馬祖道一說「梅子熟也」等等,以「石頭」路暗指石頭希遷,以梅子熟也暗指大梅法常已得道,都是雙關語的應用。《六祖壇經》也有一則「風動幡動」的公案:

> 六祖因風颺剎幡,有二僧對論,一云幡動,一云風動。
> 六祖云:「不是風動,不是幡動,是仁者心動。」

這則公案中,從「動」之相關,把心應不動點出來,也是「動」字相關下的思維。

4.遮斷式的

禪宗有名的「德山棒」、「臨濟喝」都屬於遮斷式的思維形式,如:

1.僧問:「如何是菩提?」
　德山打曰:「出去,莫向這裡!」

2.僧問:「如何是佛?」
　洞山回答:「麻三斤。」

3.僧問:「和尚還得否?」
　慧能回答:「我不會佛法。」

4.梁武帝:「對朕者誰?」
　達摩回答:「不識。」

這些「不會」、「不識」、「喝」、「棒」和「麻三斤」等,都是對原問的阻斷,令其無言開顯,造成人和境的改變,臨

濟禪師曾說:「有時奪人不奪境,有時奪境不奪人,有時人境
兩俱奪,有時人境俱不奪」,辨識這種遮斷式思維的教法。

5.反饋式

反饋式是投桃報李的方式,以原問者之問答回去,也就
是一種同義的反復,如「佛就是佛」「禪就是禪」等。例如:

1.僧問:「如何披露,即得與道相應?」

文益答:「汝幾時披露,即與道不相應?」

2.僧問:「祖師西來,當爲何事?」

睦州答:「你道何事?」

3.僧問:「如何是曹溪一滴水?」

法眼答:「是曹溪一滴水。」

6.背理式

禪師常以違背邏輯、違背常理的方式另闢蹊徑,這種可
稱爲背理式思維,是二元的,逆向的,用超乎常識、反邏輯
造成荒謬,於荒謬中見真理,是對既有的公理成義的背反,
尋求出超越性的新見。例如「南泉斬貓」:

> (南泉普願)因東西兩堂各爭貓兒,師遇之,白眾曰:
> 「道得即救取貓兒,道不得即斬卻也。」眾無對,師
> 便斬之。趙州自外歸,師舉前語示之,趙州乃脫履安
> 頭上而出,師曰:「汝適來若在,即救得貓兒也。」

南泉斬貓是一種激烈的阻斷,趙州倒置鞋子則是反常背
理的示道,使垢淨之間、內外之逆轉一時顯現,而「道」得,
「道」不得正好是「倒」字雙關語,這則公案中同時顯現多
種創發性思維,學人使容易隨機受教。又如「牛過窗櫺」之
教:

五祖曰：「譬如水牯牛過窗櫺，頭角四蹄都過了，因
　什麼尾巴過不得？」

這則公案也須在常理之外倒一隻眼，才能轉纏縛得開
豁。

7.矛盾式

六祖慧能提醒門人教導弟子要動用「三十六對」法（《壇
經》《付屬品》第十），所謂三十六對指各種矛盾概念如有無、
動靜、陰陽、聖凡、虛實等等，矛盾相因，可以破除邊見，
生中道義。有名的善慧大士詩偈：「空手把鋤頭，步行騎水牛，
人從橋上過，橋流水不流」就是展現這種矛盾之調和。公案
中多矛盾性思維：

　1.帝問：「如何是聖諦第一義？」

　　師曰：「廓然無聖。」

　2.神秀詩偈：「身是菩提樹，心如明鏡台。」

　　慧能詩偈：「菩提本無樹，明鏡亦非台。」

　3.趙州和尚因僧問：「狗子還有佛性無？」

　　州云：「無！」

　　（興善惟寬問：「狗子還有佛性否？」）

　　師云：「有。」

這幾則公案中可知有無相生，中道義立的思維方式，凡
夫求聖，故梁武帝問聖諦，達磨以無聖去其執，神秀執有修
善，慧能以無遣執，趙州論佛性有無，因機不同，不沾滯在
有無邊上，這當是矛盾中的開顯。

六、結論

壇經中指出：「佛本爲凡夫說，不爲佛說」、「一切修多

羅及諸文字，大小二乘，十二部經，皆因人置。……一切經
書因人說有。」可見一切經典、說法皆爲權說，皆無實相，
公案中多吊詭、矛盾、背反的各種說法，多是爲了免於文字
相，讓學人因機見性。因此公案中的思考形式不一而足，難
以周延指陳，只能窺豹一斑，見其創造性功能與思維端倪而
已，相信如果能以禪公案實驗教法，對學人開創自我的啓示
應無可限量。

參考書目

陳龍安　（民 79）〈創造思考與問題解決〉，見《創造思考教
　　育》第二期。

杜松柏　（民 79）〈禪宗與開創〉，同上。

賴國根　（民 79）〈禪與創造思考〉，同上。

陳昭儀　（民 79）〈創造歷程之研究〉，同上。

盧雪梅　（民 79）〈創造性的人格特質〉，同上。

郭有遹　（民 78）〈創造的定義及其所衍生的問題〉，見《創
　　造思考教育》創刊號。

吳　怡　（民 69）〈禪宗公案問答的十個格式〉，見《鵝湖》
　　六卷九期。

府憲展　（民 83）〈禪宗的創造性思維形式〉，見《中華文史
　　論叢》四十六輯。

張育英　（民 84）〈談禪宗語言的模糊性〉，見《蘇州大學學
　　報》1995 年第三期。

楊惠南　（民 75）〈談禪宗公案的矛盾與不可說〉，見《台大

哲學論評》第九期。

楊新瑛　（民 73）〈禪宗公案的基本法則及語言價值〉，見《慧炬》242/243 期。

巴壺天　（民 67）〈禪宗公案之透視〉，見《禪宗思想與歷史》P.35，大乘文化，67 年版。

無　礙　（民 67）〈禪宗公案的意義與價值〉，同上，P.61。

融　熙　（民 67）〈禪宗的三關問題〉，同上，P.121。

釋惟覺　（民 83）《見性成佛》中台拈花第一集。

廖閱鵬　（民 85）《禪門公案 300 則》圓神出版社。

伊藤猷典（民 71）《碧巖集定本》彌勒出版社。

陳樹勛　（民 78）《創造力發展方法論》中華企業管理發展中心。

官如玉　（民 79）《如何開發你的創造力》哈佛企業管理顧問公司。

J. P. Guilford, 1967：Way Beyond the IQ. NY. Buffalo. P.159-185

④ 通識教育的五個面向

簡　婉　王立文

　　Francis W. Parker 說：「教育的主要目的在於發展性情」。教育對我們的品格與生活觀念有很大的影響。他不單單只是消極被動地培養謀生技能，教導生活規範及傳授有限知識。教育更應積極主動地開發人的潛能，革新生活思想，探索人生智慧，進而建立生命的意義。在教育過程中，迫切所需的訓練是擁有廣闊的胸襟與視野，以及能夠覺察到生命之美的奧秘。這些只有在良好的通識教育中才可以獲得滿足。通識教育的正確發展有助於我們享受充分的愛及合理的自由；在自利和與他人共享上取得了愉快的和諧；能做客觀條裡的思考；能適應變化，也能革新生活；能欣賞自然之美，體驗內在之價值，以至於人格裡外一致且成熟。

　　因爲通識教育的目的不僅在灌輸一堆知識，更重要的是在對於人格的影響以及在對自性的認識。個人人格的健全發展是提昇生活與社會品質之根本，亦即當今亂象社會所應面臨的最大教育課題。因此，教育工作者對通識教育有其絕對必要去了解、體認，融合並實踐，才不誤己誤人。通識教育對現代教育是如此之重要，若不加以發揚實踐，則教育的一切功能只是徒然製造了大批違反真正教育理想的人才而已。茲藉下列五個方面來淺談元智對通識教育所強調的意義與內

涵，與有志從事通識教育者共同砥礪。

一、自由與愛

二、條理的思維

三、體能的訓練

四、合作與共享

五、內在之美

一、自由與愛

講到自由，常指的是外在的自由，想做什麼就做什麼，愛怎麼樣就怎麼樣，行動不受拘束，以及種種自我表現的自由。但這些都是狹隘的外在自由，一不小心就容易侵犯別人、傷害別人，最後殃及自己。自由的深義應該是指內在的、自覺的、全面解脫的自由，是心靈層次上的自由。如此內省的自由，心靈不受到任何陳腐規範之囚困，心包太虛，猶如青鳥自由飛翔於天空，自然宇宙之浩大與豐富俱在眼底胸懷之中。

然而我們的心靈常受制於教條規範，從小父母師長教導我們應該這樣那樣，限制我們做自己的主人。我們習於乖順，不善機變，所以一顆沉滯的心靈感受不到許多新鮮的事物，呼吸不到自由空氣。在自我的狹小天井中，看不到世界宇宙的廣闊，看不到自己天性中的深度，聆聽不到人心靈的聲音，感受不到生命之中有歌、有希望、有喜悅。因為人是習慣的動物，易安於現狀，不願看到變革，故常無端限於恐懼之中，凡事擔憂，害怕變動、失敗、孤獨，害怕失去擁有的，害怕已知的事、未知的事。生命就在害怕的幽影中，凋枯無光，

無法走入燦爛美好的陽光裡。

　　沒有比制約與恐懼更造成生命的僵化與封閉。因此，通往心靈自由之路首在排除制約與恐懼[1]，也就是排除傳統教育上的權威與填鴨，代之以尊重與啓發，帶動愛的氣氛，讓愛在互動交流中擴散滋長。愛能從我們的心靈濾去私心雜蕪，使心靈更純淨。如果不能愛，就不可能對事深思、專心；對人也永遠不能體恤，不能傾聽，更不能認識生命。真正的愛，必須先懂得尊重與欣賞生命存在的價值；進入它的世界，融入交流，涵泳生命的自由美好。愛到最高點，無私無染，不執著，不求回報。完成這樣的愛，必先給心靈自由清淨的空間，才能包容無限。

　　只有排除內心制約與恐懼的人，才能打開心靈的窗扇，讓知覺細細流動，去關愛生命的成長，去欣賞自然的壯美，去觀察宇宙的奧妙。唯有一顆敏感的心，一個開放的胸懷，去感覺生命的偉大脈動，才能明白愛是什麼，才能得到真正的自由。如果沒有了愛，就沒有自由。沒有愛，自由只是一個沒有價值的觀念。

二、條理的思維

　　這裡所謂「條理的思維」不是一般依循既定的定義與公理而做推論的思考方式，這種程序思考是荒瘠枯索，刻板狹隘，完全失去纖細、明晰、活潑、豐富博大的內涵特質。這是所要闡明的「條理」是不經強迫、計畫或刻意安排所得的

---

1 克里希那姆提，〈心智的覺醒〉，1993，哈伯柯林出版社。

規律與秩序。它是一種自然呈現的條理，好像花朵自然的開放，白雲悠然的舒展。一個真正有條理思維的人，行止從容有緻，生活深刻篤實。優美與溫柔在生活中處處流露。安靜的坐著而沒有壓力，優雅的吃飯而不匆促，行動閒適而又準確；思維清晰而又精深，這一切從容有品質的生活，都是在條理的思維之中。

　　然而什麼力量會帶來生活這樣明晰的條理呢？其實就是專注[2]。外在的效率、精確與勇氣，固然值的喝采；但內在的專心投入卻是更難得的特質。一滴水，看不出力量，但如把它滴入石縫而結冰，就足以把石頭撐破；化做蒸氣，就足以推動蒸汽機。這是因為隱藏在裡面的潛能被激發出來，展現了令人驚奇的力量與效果。專注投入事務後所迸發出來的創造力與感受力，帶給生活思想全面的革新，也是同樣的道理。

　　如果我們對事情十分專注，就會留心地看、聽時，心靈必須保持非常安靜、敏銳、警覺，不受限於任何心裡或生理的習慣之擺佈，才能夠不混亂而且看事看得清楚。一切實相看得清楚，沒有知識障礙，沒有預設成見，沒有自他分別，心靈的空間自然展開，蘊含的力量也會凝合不散亂，因此思想明澈而契重點，行動自然從容不迫。

　　雖然在智性上，我們發展得很不錯，但內心世界卻很淺薄貧乏。目前一般教育調教出來的思想，缺乏豐富的想像，纖細的感知，深刻的透視以及精確的判斷，以至於反應在生

2　克里希那姆提，〈接觸生命〉，1993，哈伯柯林出版社。

活行爲上的是欠缺內涵品質的。我們很少靜下來，好好欣賞
夜空星辰的美好，感受清風閒雲的自在，聆聽蛙鳴鳥聲之清
暢，而一切美好的內在品質正都蘊藏在這裡面。唯有能夠安
靜與專注的人，才會打開知覺，留心這一切自然美好，才會
對事務有不同於人的敏銳感受，思見博大精深，整個人就變
得條理清晰，心智明敏。此即古人所謂：「定而靜，靜而慧」
的道理。因此條理的思維，可從通識教育中使學生對日常生
活的小事的專注培養起。

三、體能的訓練

　　體能訓練的目的在於促進身心健康，而身心健康就是生
命活力的泉源。一個人有了活力，可以積極學習，探求知識，
實踐理想；有了活力，更可以投入偉大而高貴的工作，奉獻
人群。社會的進步在活力中推動，人類文明也在活力中提昇。
只要有活力，就生機不息。活力可以說是生命最美的展現，
是故體能訓練在通識教育中別具意義。對於一個生命如旭日
東昇的求學青年，健康與活力是其投入學習與創造的能源，
也是其人生目標奮進的動力。有了健康與活力，才有美麗的
人生。所以體能訓練在教育生活中就必須加以強調與實踐，
才能培養出不僅人格健全而且身體健康的人才。然而任何事
情之進行，目的之完成固然重要，其發展過程的學習與體認
也是不容忽視的。在體能訓練的過程中，許多伴隨的美德諸
如規律、堅毅、沉潛、專注與學習必須同時發展，否則訓練
則毫無意義，目的也難以達成。

　　舉例來說，爲了維持體能，養成運動的良好習慣是必要

的。運動者必須早睡早起，不抽煙喝酒，攝取正確的食物，以及遵守良好的運動原則，這就是一種規律的習慣。但這規律不是硬性規定，而是對運動正確認知的一種自然結果。訓練必須是持之以恆，而非偶而爲之的渙散進行，否則將不會有任何具體的效果。訓練過程更必須經得起錘鍊，才能鍛鐵成鋼。這些都需要耐性與毅力，通過這樣的考驗，體能的訓練才算達成目的，對未來人生，亦有很大的助益。

此外，在訓練過程中，必須全神貫注的投入各項細節，才不致盲目混亂而傷身。有規律的作息，堅毅的耐力與專注的精神，配合正確訓練方式，人們體能潛力就能開發出來，同時產生出健康與活力。

四、合作與共享

在人格成長的過程中，先是個人獨立性的發展與自覺，然後才認識到人與人之間的互依，認識到人需要別人，需要別人依靠他，相信他，關懷他；正因如此，所以需要在人群裡生活。這樣可以產生與他人一起共事，一起建造，一起分享與一起感受的「合作」關係。

真正的合作是建立在互信上，不執著於個人的理念、意見或慾望，共同協議完成一個計畫，並且懷著無私的精神，一體感受甘苦，一同分享事情完成的喜悅。在合作關係中，因爲理想上相通，困境中共勉，高貴的友誼就容易發展出來。友誼可以說是良好合作關係的同生兄弟。

攀登喜馬拉雅山可以是一件協力合作的事，表面看起來它似乎是怵目驚心的體能表演，可是這過程中可伴有著同志

之情與協力之誼的許多美德。在崇山峻嶺之中，通過種種艱困與危險，使人不分種族與信仰的結合起來。爲了達到目的，他們必須團結，互相分享那偉大冒險的興奮。

一群人懷著同樣的理想，爲相同的使命所激勵，毫不保留的同甘共苦，把各自最好的部分給對方。人類在這樣良性的合作與分享中，締造了愛的世界。一個懂得與人合作與分享的人，必然擁有開放的心靈，對人的感情、愛、需要與尊重都會非常重視。

五、內在之美

人的美，包括外在美與內在美。外在美，是指人的言談、舉止、姿態、表情等構成的美。內在美，是指人的心靈與精神的美，包括思想、感情、理想、智慧、品德、情操等。內在美與外在美並不對立的，而是互爲裡表、相得益彰的。人的內在美可透過外在美顯露出來，而內在的心靈和精神亦常能表現在外在形象上。一個人的衣著打扮、言談舉止、表情神態，在一定程度上表現著他的思想、感情、理想、智慧、品德、情操等內在美[3]。

人的真正價值在於內心世界的美。對整個人的美醜起決定作用的，是人的心靈，而不是儀表。唯有內在美才真是衡量一個人美不美的尺度。什麼構成了內心的美？是能讓心靈感動的一切自然或藝術之美，是在使心中充滿生之喜悅的真善美的理想，是人生最高貴的情操－慈愛。

---

3 姜廷貴，〈藝術美與欣賞〉，1987，丹青圖書公司。

　　大自然與這世界天天為我們彩繪無盡的美。當樹木茁壯成長，林中有美；當花播散芳香，草地有美；當晴空碧藍澄澈，日光有美；當心中充滿愛的芬芳，世界有美。生活中最美最珍貴的事物就在手邊。每個人門前都擁有全宇宙的財富－星辰、日月、雲彩、花樹、流水，這麼浩大豐富的美，只要伸手就可得。但鮮少有人去看、去聽、去聞，任心靈在灰塵中，失去晶透的本質。在通識教育中應教導學生如何放下不必的焦慮，捨下過多的欲求與追逐，讓心還原成單純樸素的狀態[4]，從心中產生對美的感覺。這內心的美讓心靈覺醒起來，豐富起來，讓我們的人格找回了溫和、謙卑、仁慈、寬恕、誠實、忠誠、忍耐等許多美麗的特質，使生命更趨成熟與完美。

　　以上五點概要說明了通識教育的重要及意義。元智為了推展成功的通識教育，特別成立了通識教學部。教學部依據上述五項重點，各成立一對應的輔導研究室。輔導研究室是師生互動的場合。幾個研究室皆在活動中心七樓。它們的位置設計在一起有一種奇妙的作用，既可將這五方面整合在一起，而每一輔導室又可充分發揮其個別作用。對一個學校來說，五方面的教育或許可以因此而落實。

　　通識教育不應單單是專業知識與技能的習得，它更應幫助學生拓展知識領域，提昇人生視野、建立獨立思考以及開創生命意義，並將一切美德實踐於生活中。正確之通識教育之產生與落實需要大智慧與洞察力。當前最重要的課題是教

4　王立文，〈生命玄義的沈思〉，1994，傳文文化事業公司。

育者自己本身需要去了解這五項重點，經此推展通識教育，使學生具有更健全的人格，遼闊的視野，豐富的生活情趣以及生命意義，而不再是依循傳統模式教導學生而已。

5 思惟菩薩造像在魏晉南北朝流行演化之因緣探討

簡　婉　王立文

摘　要

　　半跏思惟菩薩以一手托腮、一手撫腿、頭略低垂的姿勢來表示思惟，稱爲「思惟相」；而一足垂下，一足屈盤其上，表現人物的輕閒悠然、灑脫自在的坐姿，則稱爲「半跏坐」，兩者結合起來稱爲「半跏思惟」。半跏思惟像源自於西元二至三世紀時印度西北的犍陀羅，興盛於中國南北朝時期，爲中國佛教藝術中重要的造像內容之一，主要代表意涵爲悉達多太子或彌勒菩薩。半跏思惟像在中國發展的進程，從早期樣式化的生硬造型，一方面接受外來形式的影響，一方面又融入民族的傳統理念，開始佛像民族化的進程。到北魏中晚期，佛像已完全漢化、南朝化，面容肢體等細節處理更加圓順，身材更爲修長結實，且著日常生活的漢式褒衣博帶，衣裙褶紋重疊繁富、極富韻律及裝飾意味，更具中國風貌。東、西魏以後，佛像朝獨立自主的風格發展，因此對立體佛像的各部細節均能予以全面的關注與照應，更能表現出軀體結實的美感與肌膚彈性的潤澤，衣紋線條趨向簡潔明暢。北齊與北周的造像，延續前期風格，再加以創新，尤其北齊的思惟像雕刻，幾乎達到空前完美的境界。面容五官更爲細緻玲瓏，

身軀圓健，比例勻稱，衣紋疏簡概括，具有抽象式的圖案表現。這一時期在造像題材的廣度和對造像表現個性的深度上，都較之前代有著較大的突破。

　　從佛教的觀點來看，佛教藝術不過是宣傳佛教的「無數方便」法門之一，目的是要人們了悟生死並且體知宇宙生命的真理。然而，任何藝術家，包括佛教藝術的創造者，都生活在一定時代社會條件下並受著時代社會生活的影響和制約。他們的藝術作品，包括佛教藝術作品的創造，都必須從「器世間」，從人們周圍的現實中攝取內容。佛教藝術作為一種藝術，一種像教的工具，必須把「神變成人」，因此，要完全迴避世俗的生活是不可能的[5]。因此佛教藝術造像之一的思惟像亦不免受到當時社會思潮的影響而在造形上展開了無限意韻的世俗風情，從雲岡時期以帝王的威儀為摩本，龍門石期以南朝士大夫的飄逸風度為風格，東魏以後以一般人物為寫實反映，都述說著思惟菩薩在中國的演化中，深受世俗觀念的影響，其目的主要是為了迎合世人的需求。

　　本文是以佛法之十二因緣來探討思惟菩薩造像何以能在古代中國流行演化，文中申述三個群體，一是當時的藝匠們，另外則是貴族王室（含寺廟住持）及社會民眾（含士大夫），考慮這三個群體的心靈與物質生活彼此之間的互動，不難窺其演化的因緣。

5　曾祖萌。《中國佛教與美學》。武漢：華中師範大學出版社，1991。

一、前言

　　思惟菩薩，是半跏思惟菩薩的簡稱。根據考古資料，半跏思惟像於印度貴霜王朝時（西元第一至三世紀）就已出現，製作大概源自於印度西北的犍陀羅（圖一）。隨著佛教東漸，此類圖像亦於西元三、四世紀時傳入中國。到了五世紀時的南北朝，半跏思惟像的發展有了突破性的改變，廣爲流佈，不但造像數目劇增，並且它的圖像意義得到了最後的確定，只用來代表悉達多太子，或彌勒菩薩。一般禪坐佛是雙腿盤起成「結跏趺坐」，而思惟菩薩則是將一足垂下，形成只有一足盤屈的「半跏坐」，菩薩半跏坐同時，往往會將一手指頰、低首側身做沈思狀，故稱爲「半跏思惟菩薩」。思惟菩薩興起於一個思想活躍、佛法興盛的時代，「思惟」的意義特別顯現。就文化的角度來看，它呈現了一個大時代的思想特質，從玄談「思辨」到禪學「思惟」，切實地表達了對於「思」之著重。從藝術的角度來看，它反應了一個新時代的審美情感，從玄學的「無言忘言」到佛學的「沈思靜慮」，具體地反映了對於「空」的美感追求。而以宗

圖一，《半跏思惟菩薩像》，貴霜王朝犍陀羅（羅利安·貝凱），印度加爾各答傳物館館藏。

教的角度論之，思惟菩薩提供了苦難時代一個心靈寄託與精

神超越的膜拜目標，引導人們從不滿的現實人生走向安定自在的生命境界。因此，思惟菩薩不但與魏晉玄談的風氣有關，更與魏晉南北朝的佛學有關[6]。

佛教石窟內的主體內容便是那些將佛經抽象內容具象化的佛教造像，這些造像最初雖是作為經義的解釋或註解，最後卻也發展成獨立的佛教藝術，富含民族的審美意趣。當時藝匠們依據佛經教義並通過形象思惟，塑造了理想且富美感的「覺者」之相，慈祥和善，可親可近，成為人間眾生的仰望，世間疾苦的救贖。佛陀智慧圓滿的覺性表露在法相莊嚴的眉宇間，平等慈愛的氣度凝聚在優雅的手印上；而菩薩大慈大悲的心願融注在清淨美好的身姿體態上。這些蘊涵了人性關照的法相，是從世人的憂患和痛苦意識中超脫而出，有別於其他宗教的絕對權威，而只是單純樹立起一種以反觀自照、甚至理性思辯的內在超越為特質的宗教信仰[7]。這種思辯特質在北朝石窟開展的諸佛容顏中，以思惟菩薩最深具代表。它以手足的獨特造型語彙來呈現一個反觀內省的形像，突破了一般佛像肅穆靜定的坐姿，生動地體現了聖者慈悲的容顏、豐盈的內在以及曠達的風度，成為魏晉南北朝時期極受歡迎的造像之一。

然而，與其他佛教藝術一樣，半跏思惟菩薩這個外來的佛像，其實亦經過中國匠師們的認識理解、消化沈澱、調整適應、融匯昇華的漫長過程，才逐漸演變為一種新的民族風格。藝術家們在佛教造像儀軌的規範下，努力尋求突破，創

---

6 簡婉。《論北朝的思惟菩薩》。中壢：元智大學藝管所碩士論文，2002。
7 李再鈴編著。《中國佛教雕塑》。臺北：國立歷史博物館，1998。

造了許多至今仍令人讚歎激賞的藝術傑作。他們憑藉自己對現實生活的深入觀察，捕捉自己感興趣的人物形象，通過塑造佛像規定的題材，抒發自己特殊的感情，表達了他們對生活的認識和審美觀念，尋找著藝術創造的樂趣。就是在這樣勇於追求、不斷創新的理想下，在佛教題材的有限領域裏，縱橫馳騁，展現個人與民族藝術的創造力，使得半跏思惟菩薩活潑又不失莊嚴的優美造像，千百年來成為人們目光探索的焦點；不但意蘊深厚，並且意象豐饒，讓人們可以在信仰中審美，也在審美中信仰。故本研究特以之為主題，試從十二因緣的角度，針對思惟菩薩的流傳演化提出更深刻及完整的詮釋與分析。

二、十二因緣的原義與其在菩薩像事件中延伸的意義

　　佛教十二因緣的本義原來主要是說明一有業力的生命是如何形成、誕生、成長、死亡的，內容包括無明、行、識、名色、六入、觸、受、愛、取、、生、老死十二項。大凡一事件的始末若包含了人心蘊釀、設計及在物質界具體的落實，就可以應用十二因緣來解析。梁乃崇教授就曾將無明、行、識、名色部分劃歸心靈的層次[8]。如果我們將出現在古代中國的思惟菩薩造像對應到十二因緣的「有」，那麼其他十二因緣分別是些什麼；若能一一找到對應項，思惟菩薩造像之所以能在古代中國流行演化的道理就會非常清楚的呈現出來。

---

8 梁乃崇。《十二因緣》。圓智天地　2002；1 月。圓智學會出版。

「無明」可以說是人們習以爲常、不自覺的基本信念。佛教自兩漢之際傳入中國以來，歷數百年來的衝突、融和，這外來文化終於在魏晉南北朝時期在中國開花結果，成爲影響中國人價值觀、思維方式、宗教信仰、精神風貌的重要因素。那時期不論是藝匠、貴族王室或社會大眾都逐漸接受了佛教思想中的業力及功德之觀念，認爲菩薩造像有助於增加功德、消除業力，相信供奉菩薩像會得保佑進而獲解脫。史學家湯用彤說:「北朝法雨之普及，人民崇福熱烈，可於造像一事見之。…其宗旨自在求田利益：或願證菩提，或希能成佛；或冀生安樂土，崇拜彌陀；或求生兜率，得見慈氏（彌勒）。或于事先預求饒益；或于事後還報前願。或願生富貴；或願出征平安；或願病患除滅。…或一人發心，獨建功德；或多人共同營造，于是題名[9]。」

圖二、《思惟菩薩像》。北涼。泥質，高85公分。甘肅縣金塔寺西窟中心柱西面中層。

「行、識」以現代語言表達就是潛意識與意識。東晉士大夫喜玄談，玄學講「無」，佛法尙「空」，引介出玄佛合流

---

9 湯用彤。《漢魏兩晉南北朝佛教史》。北京：中華書局，1988。

的契機。又魏晉南北朝時期，征戰連綿，世道紛亂，生活苦
難，人心亟思安定；此時佛教所提倡的輪迴、解脫之說，正
符合他們心靈的需要，也提供了人們面對生活的意義。因此，
佛教教主釋迦牟尼證悟了脫生死的奧理為人所崇信，其於菩
提樹下思惟成道的歷程更為人所詠讚。同樣，彌勒菩薩也以
龍華樹下思惟成為「佛」的聖事得到普遍大眾的崇信；這位
「未來佛」將下生人間，建立美麗淨土，普渡眾生成佛，同
樣予人幸福安定的希望。社會民眾在意識及潛意識中接受這
些觀念信仰，而統治者如貴族王室一方面被潛移默化，另一
方面也為穩定政治與社會秩序，無不積極尋求王政與佛法的
結合。有了這樣的認識，不論是貴族王室或一般社會大眾皆
希望藝匠們能塑造出他們心中想望的菩薩聖像，以消除業
障，累積功德，獲得加持。藝匠在如此情況下，自然備受重
視；他們在佛教造像儀軌的規範以及前人造像風格的影響
下，加上深入觀察社會風尚潮流，逐漸形成其個人的創意靈
感。

　　「名色」是藝匠在實際造像前的心中之像。佛像造像藝
術的屬性，不但富有嚴謹的經典儀軌和製作法式，而且是集
體信仰意識文化所累積的結晶。儘管如此，藝匠們仍努力突
破規範的藩籬，創造了各種不同的佛像風貌；因此，不同時
代都會發現有不同的造像變化，主要原因乃在於不同時代的
藝匠心中之名色各自不同所致。他們憑藉自己對經義的了
解，對現實生活的觀察以及對個人興趣的捕捉，產生了個人
不同的名色。最早在中國出現的思惟像如北涼的思惟菩薩像
（圖二）頗有西域之風，可以明顯看出是直接反映出藝匠或

民眾最初接受到印度、中亞及西域造像形式的影響而成。因
仍在揣摩探索的階段，故而思惟像的面容五官及衣裳紋飾都
施以銳利、簡潔而有力的線條刻劃，身體姿態亦較顯得生硬
不自然，可以看出外來遺風。隨著時代的演進及文化的發展，
藝匠心中的名色亦與時不同，從「雲岡風格」的造像形式著
重雄偉，到「龍門風格」強調秀骨清像，佛像已經完全漢化
（圖三），到北魏晚期佛像走向「世俗化」，乃至於北齊與北
周造像的再創新意（圖四），每個時代的思惟菩薩的面容、身
形與衣裳都有不同的變異，這與時俱變的歷程說明了思惟像
在藝匠們心中蘊釀的民族化過程。

　　「六入、觸」原指身體之眼根、耳根、鼻根、舌根、身
根、意根及其接觸作用。這裡可意指藝匠群體、民間百姓、
貴族王室三大社群為根，而群內、群際都會彼此接觸影響，
形成風潮。例如帝王貴族欲借佛教以維持社會秩序與穩定權
力，竭盡財力物力興造富麗堂
皇的寺院；上行下效，影響及
於民間，百姓亦聞風效尤，廣
作功德。思惟菩薩作為當時佛
教盛行的膜拜佛像之一，自然
成為人們熱烈追求塑刻的重要
對象。在此情況之下，藝匠們
便成為皇室貴族及平民百姓圓
成功德的重要媒介，透過他們
眼、身、意根所展現出的精

圖三、《思惟菩薩》，北魏，石灰石，龍門
石窟，美國波士頓博物館藏。

巧技藝，利用各種不同的工具和媒材，進行雕塑人們心中理

想的佛像。而藝匠們雕造佛像之際，彼此間也會接觸交流，相互參考觀摩雕刻技藝，造成造像技術之提昇。

「受、愛」可指思惟菩薩像在中國佛教藝術發展的過程中，備受世人歡迎喜愛，歷久不衰，不僅是信仰者的精神偶像，亦是藝術家的創作偶像。由於思惟菩薩體現了聖者的慈悲容顏及悟者的曠達風度，令信仰者照見佛像時可以產生百慮俱空、自在安寧的感受，又由於其動人的手足語言及優美

的體態造型，進而令人產生歡喜欣賞之心。社會大眾對於思惟像的信愛，都促使藝術家獲有無比的機會來發揮一己所長，表現出思惟菩薩特有的精神意蘊和造型美感，以博取民眾對其作品之愛。然而，不管是民眾從信仰的角度來崇信思惟菩薩以獲保佑，或是藝術家從審美

圖四、《遺常造太子思惟像》，北齊天保四年（553）。大理石，高52公分。上海博物館藏。

的角度來探索思惟菩薩以創新風，或王權者從政治的角度來發揚思惟菩薩以達教化，皆是對於思惟像有所感受、有所愛執所致。

「取、有」在此可指喜愛思惟菩薩像之信眾採具體行動要求藝匠依其想望去執行佛像雕塑；崇信釋迦者，便要求藝匠表現太子思惟的樣貌，而敬信彌勒者，則希望匠師刻劃彌勒思惟的神態。藝匠由此獲取報酬，信眾由此獲得功德，各取所需。但在創作過程中，藝匠心中必先有思惟菩薩之名色，

若為太子思惟像，就必須考慮賦予悉達多太子之特性，如車
匿、白馬、菩提樹或其他一生事蹟等，而若彌勒思惟像，則
以彌勒菩薩之特性為考量。佛菩薩體現的是一種萬人崇仰、
至高無上的品格，又該如何表達「佛相」的莊嚴，使其「令
眾歡喜」而產生景仰膜拜的心情。在古代中國，對於人物肖
像的描繪，特注重骨格相面。骨格結構註定一個人的命運貴
賤，因之，面相便有「貴骨」及「賤骨」之分[10]；故如何迴
避一切賤醜、貧薄之相，取用「大丈夫相」以傳達佛菩薩超
人的神性氣息，也是藝師們必須慎重考量的。取相之後，才
決定取用何種材料，是石材、木材抑或金屬材料？利用何種
刀法雕刻來表現佛像，是圓刀法，還是直刀法？然後再取思
惟菩薩之名色加以發揮。在雕刻行進過程中，若有不滿意的
部份便捨，滿意的部份才取，直到圓滿完成菩薩雕像。

　　「生」是當佛像被製造出來後，便有了時空的定位。例
如北魏各期佛像風格各異，初期有雄偉的雲岡佛像、中晚期
有漢化的「龍門風格」，到東、西魏時期，乃至於北齊、北周
的佛像又都各有不同的韻致表現，形成佛教藝術發展史上豐
富燦爛的展現。佛像一旦產生，供人膜拜或觀賞，可以說就
有了「生命」，其流行於世亦可謂「生」，象徵悉達多太子曾
以人身出現於世，也代表彌勒亦曾經生為人身，未來仍將降
生於世，渡脫眾生。隨時代變遷，當信仰的熱潮退去，佛像
從宗教性轉為藝術性之時，逐漸成為藝術愛好者的珍藏，亦
可謂開啟了藝術的生命。

10　王德育。《上古中國之生死觀與藝術》。台北：歷史博物館，2000。

「老、死」可指物質世界或生命世界都會遭遇破壞或老死的過程。經過漫長的歷史變遷，由於戰亂，或自然環境變化，或人為作用，許多寺院佛像早已遭風化、破壞，或甚湮沒，消失於世，不復為人們所記憶，則可謂之老死。石窟寺則以其獨特的自然條件和材質優勢保留了大量造像和壁畫遺跡，使今人得以系統地瞭解和推想當時佛教美術的大體狀況。雖然如此，但是傷害破壞的事跡猶然不斷發生，尤其近世興起古物收藏，竊盜之風熾烈，許多石窟佛像或遭人斷頭、或遭人斷手斷足，對於石窟佛像而言，形同老死的過程。

三、時代演進與相之變化

佛教藝術在中國發展的進程，並非一味採取簡單的模仿和抄襲，而是在繼承了秦漢以來雕塑優良傳統的基礎上，吸收外來雕刻藝術有益的成份，不斷地進行改革與創新，使之具有民族特色。隨著佛教傳播的擴大，佛教雕刻藝術在十六國時期開始發現較多有紀年的實物和遺跡，是個開展的時期。此期的佛像製作，一方面接受印度、中亞及西域的形式，一方面又融入民族傳統的理念與本土的技藝相結合，開始佛像民族化的進程。從拓跋氏統一北方以後，北魏佛像雕塑以「雲岡風格」為主，造像風格仍然為秣菟羅、犍陀羅融合中國傳統元素所形成的一種特有形式。佛像大多具相同的趣味，臉形方圓，肩寬體碩，五官銳面分明，通肩大衣，造像形式的雄偉。遷都洛陽以後，南朝的雕塑繪畫風格傳入北方，漢化、南方化成為這個時期的主要標誌特徵，因而有「龍門風格」的產生。此時佛像風格是所謂的秀骨清像，主要表現

為面相由方圓轉化為長圓，五官線條變得圓潤柔和，細眉大眼，鼻直唇薄，流露出一種深沈含蓄和親切慈祥的神情。佛與菩薩的身材修長結實，身著漢式的褒衣博帶、寬袍大袖，衣裙褶紋重疊繁富，狀似瀑布流瀉灑滿台座，是此期主要的衣飾特徵，神情帶有一種瀟脫自在的名士風度，更具中國風貌。這種造像的形成，是受到顧愷之、戴逵、陸探微等南朝一代畫師風格的影響，也是以當時南朝士大夫階級的生活、思想及其審美觀念為基礎。這種雕塑風格和服飾上的變化，顯然是魏孝文帝在政治、經濟、文化諸方面實行了一系列的改革後，吸收和借鑒了南方和中原漢民族文化的結果[11]。

北魏晚期，這種修長造型已向壯實、圓敦、矮胖的風格過渡。佛像不但擺脫了北魏前期佛像那種凌駕一切的「神性」和北魏後期「超脫」的名士風貌，向當時現實社會實際的人物形象進行追求，是中國佛像進入「世俗化」的過程[12]。更重要的藝術轉化是，思惟菩薩像自東、西魏以後，佛像從樣式規格化走向了獨立自主的風格，原來只注意正面的形式，變而對立體佛像的各方面都給予相同的關注與照應，表示當時的藝術家對人體的觀察更為細膩入微。就風格而言，佛像面形長圓，五官柔緩細緻，表情較為自然，身著褒衣博帶，是典型的「龍門風格」的延續；但身軀肌體表現較北魏作品圓潤，對肌膚質感的掌握更為妥切，衣紋線處理手法也趨向簡潔明暢，下襬不再迴旋反覆、誇張地灑滿台座。衣服和軀

11　董玉祥、岳邦湖著。〈炳靈寺等石窟雕塑藝術〉。在《中國美術全集》雕塑 5。台北：錦繡出版社，1989。

12　林樹中，〈魏晉南北朝雕塑〉。在《中國美術全集》雕塑 3。台北：錦繡出版社，1989。

體能共起伏，顯露出軀體結實的美感與肌膚彈性的潤澤。北齊與北周的造像，無論從形象到服飾，都延續東、西魏風格，再加以創新，尤其北齊的思惟像雕刻，幾乎達到空前完美的境界。佛與菩薩的面形由清俊秀美，又逐漸轉向豐圓，五官更為細緻玲瓏，身軀圓健，比例勻稱，衣紋疏簡概括，線條精練利落，具有抽象式的圖案表現，簡約的形式表達了空淨之美。這一時期在造像題材的廣度和對造像表現個性的深度上，都較之前代有著較大的突破，使我國雕塑藝術進入了一個新的階段。

四、結論

　　半跏思惟菩薩的總體內容表現，從外在到內在，表達著一種兼具「動相」與「空相」的特殊美感。不論從「形式」或「節奏」來看，其所表現的是生命內部最深的動，是至動而有條理的生命情調。這個「動」的意涵，透過似動非動的手足姿態，即定靜思惟的方式，表達著一種抽象的心理變化以及精神昇華的過程，將騷動的靈魂從困頓中解脫出來，將苦惱的憂思從執迷中消融無形，撥開心靈的層層迷霧，步步迎向智慧的光明青天。而菩薩之所以勤思惟主要是為了渡脫世人，遠離諸苦。從釋迦牟尼太子及彌勒菩薩的事跡都應證了因為悲天憫人的胸懷，使得他們於菩提道上精進不懈，努力探索真知，不畏艱難，終於圓成佛智，為眾生立下了學習的標竿。

　　所以半跏思惟之姿既是憂思煩惱的表現，也是智慧菩提的顯現，它表明著由凡轉聖的修行過程，強調的重點是人身

可以成佛，唯有人才能救贖自己，並非神。人只要通過思惟修行，便可解脫自在，因此，人的潛能無限，是無比可貴的存在。故思惟菩薩的表現便含有人的理解與內涵，從「存在」的開顯、「道」的展現、「法性」的實現，都是經由人的過程。如何表達這種既是人、又超越人的形態，以顯現「存在」的豐富蘊涵，經過藝術家的無數模仿、焠鍊與創造，因而創制了「相好」的佛像造像規範，以理想化的人體來表達佛的清淨圓滿。但又為了適應民族大眾的審美趣味，半跏思惟像在中國發展的進程，於是逐步轉化為符合中國民族觀念的美感形式。它的「相好」不只在外形上體現了中國人普遍認可的形象之貴美圓滿，而且透過這外在圓滿的形象，體現了中國人所追求的常、樂、淨、定、慧、明等佛教精神境界。這是中國佛教藝術最高明的創作意符，依世俗之人約定俗成的審美意識，製作了形神兼備的佛像的內外之美，以具體的「色」相表達抽象的「空」觀，由此構成了佛教美學的相反相成的奇觀。

半跏思惟菩薩像在中國佛教藝術發展的過程中，占有極為顯赫及重要的地位，不僅是信仰者的精神偶像，亦是藝術家的創作偶像，從外形到內在都充滿了令人探索的魅力。分析半跏思惟像之所以能夠歷久不衰、備受世人歡迎的原因，本文已以十二因緣描述於前。

作為一種宗教藝術，思惟菩薩之創造兼有宗教與藝術雙重功能，只是由於人們隨時空因素對於佛教的態度不同，對這一造像的反映也就頗有不同。因此，時代的變遷使得這一造像的宗教性和藝術性的份量各有不同。一般來說，早期的

宗教藝術其宗教性較強，愈往後發展，思惟菩薩造像藝術愈擺脫宗教的影響而具有自己的獨立性。當宗教藝術不再負載宗教使命時，它的審美價值並不會隨之而灰飛煙滅；所以今日我們面對千年以前的思惟像時，仍能不免內心悸動，從它優美的造型語彙之中，體會內在觀照之美。作爲宗教的藝術品，思惟菩薩其獨具的審美價值與魅力，仍然感動一代又一代藝術朝觀者的心靈。

6 從十二因緣看學校管理

王立文

前　言

　　近年來，國內設立了許多大學，大學之間的競爭加劇，加上未來的學校因人口出生率下降的關係，可能面臨招生不足的命運，因之，一間學校的設立並不能保證它會持續發展下去，爲了要能持續發展，學校管理之優劣變得非常重要，外界環境異動迅速，學校培育學生亦要能適應社會需求，甚至可以掌握脈動，改善社會。本人於十六年前至元智大學服務，除了擔任機械工程系教授，亦曾兼任過系主任、訓導長、通識教育中心主任、教務長、副校長等行政工作，對於學校管理有深刻的認識與豐富的經驗。在元智設立的第一年，本人便參與學校的行政，對於學校的建立、成長不陌生。要做好學校管理，著者以爲若能先對學校之生成、維繫以十二因緣的觀點做一番體認，會有很大的幫助，亦較能同時具足分別觀與整體觀。佛教的十二因緣[1]之說原來主要是闡明一個有業力的生命是如何形成、誕生、成長及死亡的。梁乃崇教授曾將「無明、行、識、名色」劃歸心靈層次[2]，「六入、觸、

1　梁乃崇。十二因緣。圓智天地 2002：1月。圓智學會出版。
2　梁乃崇、胡祖櫻。從十二因緣談能知與被知的劃分。佛學與科學 2003：

受、愛、取」劃歸身體感官及其生理作用,「有及生、老死」則論及物質世界、生物世界的世界現象。

如果我們把學校比擬成一有機體,它亦可以有類似心靈部分,有其「身體感官」部分,更可以談及其設立、成長、解散等現象。一個有心度眾生(管理組織)的未來菩薩,他可以在學校中擔任管理工作,從中學習與度眾。

十二因緣的原意與對應項目

「無明」是立場、預設、假設、直覺。每個人都有立場,但常常自己並沒清晰地察覺自己的立場,故謂之「無明」。一位成功的企業家在名利雙收,衣食無缺時,不免感恩父母,思圖回饋社會,故企圖建一大學,以其先父之名為校名,在這樣一個堅定的立場下,奠下了設立元智大學最原始的無形基礎。佛教中雖尚真空但亦重妙有,建立一有益世人的組織,「無明」是必須的。此處的對應項是董事長、董事會或教育部之基本的預設立場。

「行」代表抽象思考、邏輯、認定、意志決斷。做決斷的意志就是「行」。學校的校長有其權力,他的決斷影響學校頗深。目前在台灣的私立大學,校長通常是由校長遴選委員會選出一、二位合格人選,再由董事會決定,所以校長相當於是總經理,他的責任就是把董事會的理想運用權力加以實現。據我所知,一位大學校長認為推行教師績效制度,才能建立一個好學校,因他高居校長之位,他有強烈的意志推動

這制度，這學校執行了此制度也因此和其他學校有所不同。另一位校長則認為學校若不偏重某些領域，很難出色，因此他有強烈意志要學校在 G（Green Technology & Management）和 E（e-life）兩方面要有特色，這也造成這大學在 G 和 E 的特色。因之「行」的對應項可說是校長的權力或決斷意志。梁乃崇教授近來對主管的權力有深刻獨到的體認和解說[3]。

「識」是認識、思維、認知的功能，包含六識，即眼識、耳識、鼻識、舌識、身識、意識。學校的規模要多大，學生要多少，要有哪些學院、學系，造就出來的學生有什麼特色，要逐年慢慢成長抑是快速成長，這些都需要高階主管的共識、認知、規劃及策略，這也就是「識」的對應項。

「名色」是符號、訊號、信息，指的是內六塵，不需要透過六根，可直接在心中呈現。在學校初創時，規模甚小，但董事長、校長、高階主管心中的學校模型可就不同，可能是一比較大比較健全的學校模型，甚至於心中亦有未來學校事物進行的流程圖，因之，「名色」的對應項可以是董事長、校長、高階主管心中所演練的學校模型及學校事物進行的流程圖。

「六入」是六個感官，也就是六根，有眼根、耳根、鼻根、舌根、身根、意根。有這些根才可以進行「觸」的功能。學校的行政體系或學術院系的角色有些和根相似。學校有人、會、秘三室可視為一根，教務、學務、總務、研發、資

---

3 梁乃崇。談權力（1）（2）（3）。圓智天地 2003；3-5 月。圓智學會出版。

訊可視為另外五根，其中資訊處像是學校的神經系統類似意根的作用。「六入」的對應項可以是上述的五處、三室，其實也可以是學校的校園硬體、院系的老師和校內的職員。

「觸」是「六入」為感知器，發揮感知功能，就能觸及其環境。一個大學有了其「六入」這「身體」之後，它的接觸對象有包圍它的社區、社會大眾、其他相關學校、學生（含高中生）及其家長、各種學會、媒體、教育部、國科會、外賓、諮議委員等等，這些外緣一接觸到學校的「六入」可能就會給予一些意見，予「六入」一些刺激。

「受」是「六入」進行「觸」的功能，觸到的環境，環境又給予「六入」一些刺激，「六入」就接受了這些刺激。以學校來看，外界可能會給予鼓勵亦可能是譴責。

「愛」是因受有愉快之受及有不愉快之受，任何一有機體都不會喜歡不愉快之受而會喜歡愉快之受，於是形成愛與憎。學校可能因提供外界好品質的服務或好的畢業生，受到外界讚揚，因之使學校愛做此類之事。因為外界的肯定，往往影響學校的喜愛，形成某一走向，為的就是愛持續那好的感受，校內教授很在乎教育部與國科會給予的獎輔助，因此一些獎項也會引導學校的教學或研究的重點和方向。另外畢業生如果受外界好評，學校也會愛朝培養優秀畢業生的方向進行。

「取」是喜歡的就抓取，不喜歡的就不取。學校招生時多半有考試，考試其實就是訂一個喜歡的低標，不達標準的就是不被這學校喜歡的。因為如果進來的學生不夠好，即使經過再好的訓練亦未必能成為好的畢業生。因此有考試，好

的才會被錄「取」，學生進到學校，選擇課程，修完還要考試，通過許多考試，學生才能「取」得畢業資格，讀得太不好亦可能退學，學校就「捨」去這學生。

「取」之後便會「有」，「有」是外六塵，即眼塵、耳塵、鼻塵、舌塵、身塵、意塵，指的是世間具體的物質世界。當學校有了足夠的軟硬體設備後，收到學生入學受教就可以說「有」。順利的話，過幾年也可以「有」其畢業生。學校的功能亦才發揮出來了。

「有」之後就有所謂的「生」，在國內還要教育部承認和評鑑，大學才算成立和合法。

「老死」則是談及成長、衰老、死亡，以學校來看亦可以看成是成長、走下坡、解散。學校管理的不好，學校很容易走下坡，若學校培養出來的學生與社會需求脫節或招生不足，學校可能就會被解散。

掌握環環相扣之良善因緣才能辦好學校

從經驗了解，大多數好學生想去的學校就是好學校。因此怎麼才能收到足夠的學生又能收到好學生是一個力爭上游的學校非常重視的，如若董事長立場有問題，辦學動機不純正，校長無能伸張其意志與權力，高階主管沒有共識、不會規劃，這些領導者心中沒有良好的學校藍圖與經營流程，校內硬體、行政體系、老師、職員不足或不健全，外界的責難多，學校被不愉悅的氛圍籠罩，堅持不了好的標準錄取學生。以上只要有一項或多項的不良，想辦好學校，吸收好學生，就如緣木求魚。

有些學校辦學成效不佳，常常不知問題何在，也許他們的教務、學務、總務的行政效率都很好，學校整體卻不好。這狀況就像一個心智不健全，體格卻不錯的人。其實十二因緣的心靈層次比較像樹之根部，「六入」如樹之幹，「有」則如樹葉、花果。根部有問題，健全之樹就難得了。換言之，一個學校的董事會、校長若不夠好，要成為一個頂尖的好學校就不可能了。若「無明」當作十二因緣上方，「老死」是最下方，由「無明」至「老死」當順向，「老死」往「無明」則為逆向。以十二因緣來思考學校組織的生成與成長，需藉著順向來貫徹董事長、校長的立場和用心到學校的設立與發展，但為了改善常常我們亦要逆向回饋，下游發生問題立刻往上游檢討，將上游之不良因素除去，下游就自自然然的健全了。

時下許多大學運用媒體宣傳企圖吸收到好學生，這是藉著改善「觸」而獲得較佳的「有」，事實上短期是有些效果的。但是如果在「行」上用心，找一好的校長，如以往北大之蔡元培校長，在他兼容並蓄的胸襟與辦一流大學的堅定意志下，北大的基礎建好了，北大即一躍成為中國優秀青年的選擇大學的最愛。

在「從 A 到 A+」[4]這本書中，特別強調第五級領導人的重要，其實從十二因緣來看，就是講「行」比「識」更根本更重要，許多高階主管可能是第四級領導人，若行的位置亦由第四級的領導者占著，這些學校大概就無法由 A 變至 A+。

4　Jim Collins。齊若蘭譯。從 A 到 A+。遠流出版公司，2002 年。

在無明層次的人除了要有正確的立場之外，一件很重要的工作便是找對人將其置於行的層次。

結　論

學校管理千頭萬緒，以佛法中之十二因緣來探討，可以得到相當清楚的分別觀與整體觀。本文可以提供治校者參考，發現那些環節可以加強，讓學校可以變得更好。「無明、行、識、名色」的重要性很高，如果只是在「六入」處下工夫，一個學校想要更上層樓恐怕是夢想，當然以短程的眼光看，改善「六入」對「有」會有幫助，但以中、長程的眼光看，一個學校要好，董事會健全，校長善用其權力，高階主管有共識及規劃能力，在他們的心目中常有學校未來的模型與事物的正確流程圖，都是很重要的因素，這就是為什麼有漂亮的校園、宏偉的建築及有效的辦公效率還未見得能成為一流大學。「名色」以上的層次是學校管理非常重要的部分，有良好的董事會及校長，建立類似哈佛、史丹佛之類的著名大學也就不再是難事。

其實不同於學校的組織，它們的管理亦可以用十二因緣的觀點來分析，讀者若熟悉不同的組織，亦可依本文之推理方式，導引出相關組織之管理與十二因緣的對應關係，常常很快地我們就能獲得一組織之清晰的分別觀與整體觀。

⑦ 大學通識教育面對新科技衝擊的因應之道

王立文

摘　要

　　元智大學入選「邁向頂尖大學計畫」教育部五年五百億經費補助，在燃料電池及通訊兩大研究領域方面獲得肯定；校方在教學方面也不斷追求創新與品質，並規畫推出「經典五十」計畫，提昇學生的閱讀、寫作、表達與思考能力，希望「研究」與「教學」並重，達到「雙頂尖」的目標。元智校長彭宗平上任後，便一直希望元智的教育方向科技與人文兼備，要重視學生的「學」，不要只重視老師的「教」，要重視「育」，要讓學生「開竅」。當學生能主動積極的學，老師相對地可收事半功倍之效。若學生在學中開了竅，老師就不必緊迫釘人的指導，只需提綱挈領提示即可。

　　廿一世紀重要的新科技有生物科技（Biotech）、電子資訊科技（Electronics, Information）、奈米科技（Nanotech）及綠色科技（Green-tech），這四項新科技可以簡寫為 BEING。一所現代綜合大學不能不追逐新科技的研發，大學若只走傳統路線得不到青年學子的喜愛，培育出來的人才又得不到社會的器重，對大學經營是一種危機。可是 BEING 這四項新科

技，每項都進展神速，使社會一直處於急速變遷（becoming）的狀態。一個青年學子若選這些新科技為其專業，又缺乏良善的通識或經典教育，整日追逐變化，身心無法安頓，優秀的科技研究生患憂鬱症甚至於犯罪殺人、製造毒品者時有所聞，頗令人心痛與憂心。深一層思考，大學教育的本質是否不只有求真亦應含求善。大學教育的責任是否不只是科技知識之訓練機構亦應為教化之機構，引導學生道德生命的成長，這大學教育的定位拿捏實在非常重要，未來社會能否和諧成長，端視大學之領導人如何帶領高等教育的走向。在大學中，文史哲藝的通識或經典教育有平衡新科技衝擊的作用，這一方面各大學應適度的加強，培育出來的青年才不至於成為心智殘缺的科技怪人。

一、新科技的衝擊

　　前幾年 7 月 4 日美國國慶日，美國航空太空總署（NASA）依計劃進行了一件讓美國人甚至人類皆興奮異常的事─深擊號撞彗星，據報章雜誌記載，彗星被撞一方面可以探討遠古時期太陽系初形成時的一些秘密，另一方面也可以對未來假設有一天彗星要來撞地球時，設想一些人類真能防範之策略方法。其實這一撞擊的意義和作用豈僅於此，美國在太空的強權再度重現，這是一會有歷史價值的事件，美國在世界的領導地位似乎仍屹立不搖，無可撼動。然而這撞擊彗星的想法可能出自一些科幻小說的作家，一個小說情節被落實了，我們常看到科技壓制或衝擊著人文，其實有時人文也會引導

著科技的發展方向。此外，管理學大師彼得‧杜拉克[1]在其近作「下一個社會」不斷地訴說：資訊科技會產生許多新產品與衝擊，其中電子商務在資訊革命中的地位，就像鐵路在工業革命中的地位一樣會有全新的發展，電子商務會迅速地改變社會的經濟與政治結構。在生物科技大未來[2]（The Coming Biotech Age）一書更指出生物物質的時代會繼著資訊時代來臨，生物物質一詞涵著生物學與新材料科學這兩領域的結合，有機與無機物質明顯界線逐漸模糊，前所未見的有機與無機混合物質紛紛被創造出來，Biotechnology 及 Nanomaterials 對人類社會的衝擊力將不可小看。

二、第一、二次科技革命的影響回顧

第一次科技革命發生於 18 世紀後期，可以把紡織機的改良當起始點[3]，蒸汽機的發明及使用為象徵，因它在人類的社會生活上產生了很大的影響，導致了產業革命，科技文明變得十分顯著。事實上，人類在此之前也懂得使用工具，只不過機械的影響力尚無如此之大。

早期的紡紗機是靠人力帶動，18 世紀後期水力紡紗機應運而生，水力紡紗機利用自然力（水力），體積大，不宜安置於一般家庭內，必須另建較大的廠房，將較多的工人集中起來在一個地方做事，這樣就逐漸形成工廠的雛形。紡紗工業

---

1 彼得‧杜拉克。下一個社會。劉真如譯。商周出版。2003 年 4 月。
2 理查‧奧利佛。生物科技大未來。曾國維譯。麥格爾‧希爾有限公司。2000 年 9 月。
3 威爾‧杜蘭特著。科學的故事。張光熙、宋加麗譯。好讀出版有限公司。2002 年 3 月。

起來了，織布工業亦跟著進步，於是整個紡織工業一時欣欣向榮，整個工業革命的氣勢就這樣開始蓬勃發展。在工業文明初階段紡織機是用水力的，是將水流的位能、動能轉變成機械能，算是能源的直接利用，這種改革是第一次科技革命中的第一階段。第二階段則是蒸汽機的發明和使用。蒸汽機產生出來是許多發明家共同努力的結晶，瓦特將它推向了大量實用的層次。蒸汽機經過燃燒的作用產生動力，給人類增添了強大的動力，有一段時間，人們可說是進入了蒸汽機時代。蒸汽機影響很大，化工、冶金、採礦、運輸部門皆因其造成快迅的發展。以交通運輸業為例，火車被發明出來了，它的動力就是來自於蒸汽機的盛行。火車的發明大大地加強了陸路上的交通問題，接著海上的交通也因使用蒸汽機輪船而改善不少。產業革命自英國發動，迅速影響到整個歐洲，近代的工業體系便建立起來。這樣的科技變動影響人們的生活型態非常之深，這時人類的文明中科技的影響力也逐漸邁向第一把交椅。封建貴族的統治逐漸讓位於大資本家，資本主義應運而生，因為資本家求利之心過度發展造成貧富差距拉大，社會上另外的聲音也因之而起，逐漸形成了社會主義的產生，更進一步有共產主義的誕生。這次的演變中，科技對交通運輸、工業體系、生活型態影響深鉅。

在第一次科技革命之後，在 18 世紀末、19 世紀初，大量以電力應用的產品、設備被發展出來，如發電機、電動機、電燈、變壓器，加上內燃機的產生與運用，對一般人的生活有更多的影響。就拿電燈為例，人們在沒有電燈以前，晚上的生活和有電燈之後的晚上生活有多大的差異。在第二次科

技革命中，美國和德國均迅速竄起，發展自己的特色工業，這次革命所含的科技知識相當廣泛，對人類的物質生活有極大的影響，整個人類的科技文明又邁向前一大步。第二次科技革命有不少發明家，皆是融工程師和商人於一身，他們創立企業，發展、推銷他們的發明，幸運的，就形成大企業如愛迪生的 GE 公司及與汽車相關的福特公司。科技帶來的環保及倫理問題在第二波工業革命期間最明顯，能源礦產被大量地開採利用，水資源被引至農、工及學校家庭使用而產生廢水，沼澤湖泊被改成水庫，高地被拓為平坦的道路，村地變成農地，農地又被轉為工業用地。環境惡化，資源耗竭，科技的發展產生了許多負面的效果，化石燃料等科技提供了產業發展及交通運輸之動力，卻也為環境帶來了「溫室效應」及其他各種有毒污染物。

三、第三次科技革命的興起與綠色科技

近代經濟成長的主因是基於科技新知不斷的累積和應用，但科技不斷進步的動力起於何處？事實上，它仰賴著政府或企業源源不絕地從事研究發展與創新。科技進步可以帶動經濟的成長與社會的變遷，其主要驅動力來自於產業研究，而科技研發能力是國家競爭力提昇的必要條件。在世界經濟自由化、國際化的趨勢下，各國莫不以加強科技發展及應用其研究成果，以帶動其科技產業，並增強其國家競爭力。美日歐各國其基礎研究、應用研發、至技術產業的發展，形成一完整的科技發展體系，可成為國家發展的支柱。比如，美國的航太、電信、資訊、醫藥等，日本的汽車、機械、半

導體等，德國的化工、汽車、精密精械等，瑞士的鐘錶等，皆是明顯的例証。科技教育有一任務就是引起大家對科技研發的興趣，強調創新的精神。科技的改變與進展，非僅衝擊著國家經濟和工商業的發展，更影響到個人生活型態與社會組織，舉凡農、工、商業，甚至政府部門與家計單位的許多活動，均與科技的利用息息相關，比如，電視科技與照明設備對人們的作息時間與家庭互動的方式影響就十分鉅大；電話、傳真以及最近的網際網路及電子郵件，更大大地影響了人們溝通的形式，連帶地衝擊到人們的道德或倫理觀，透過科技發展，人類所製造的核子武器可以毀滅全球。如果我們欠缺自制力，不關懷他人，沒有正當的價值觀，科技的發展有可能是非常危險的。

　　美國的未來學家托佛勒在 1980 年出版一本暢銷書「第三波」中，將人類經濟演化劃分為三個波段，公元前八千年至十八世紀中葉的農業波段，接著是至二十世紀末的工業波段，最後則是始於 1960 年代，且將延續數十載的資訊波段。在前述的第一、二次科技革命可以說都是托佛勒所謂的工業波段。目前事實上人類正面臨第三次的科技革命，也就是資訊波段。第一個波段的動力是勞力；第二波段由機械、工人、資本家帶動，而第三波段的主要動力則是資訊科技和知識工作者。我們的社會正進入資訊或數位時代，正日漸遠離工業時代。

　　第三波經濟是服務業興起的時代，製造業者所占的比例不斷下降，反而是設計、行銷、顧客支援等服務性質的活動逐漸囊括了多數產值。對於多數服務業者而言，最重要的資

源是員工的聰明才智。不同階段的生產技術，形成了不同的社會組織與結構，並進而影響了財富的創造與分配方式。自然資源、勞動、資金、新科技等，在人類歷史中，曾陸續成為人類經濟活動中的關鍵要素，知識的角色雖然一向存在，但其重要性從沒如此重要過。這就是為什麼現代公司中最重要的資源會是員工的聰明才智，知識變成和經濟活動的關係增加如此之高，原因是資訊科技在近年發展迅速，對人類生活型態的影響十分深遠。資訊科技係指資料的生成、傳送和利用之有關科技，應用領域似乎無所不包。狹義而言，資訊科技主要應用範圍是 3C 產業，即電腦業（computer）、控制性電子業（control）與通訊業（communication）。由於資訊科技迅速的發展，經過電信網路，可將人們的聲音影像傳送至世界各地，也經電腦傳輸作業，獲取世界各地各種數據資訊，拉近至我們的身旁。人類微電子科技與遠程通訊能力的蓬勃發展，真的表示出這一波（第三波）的科技文明變革已然到來。

　　回顧工業波段，人類的物質生活不能說沒有進步，不過同時也產生了一些令人憂心的現象。人類不斷改善使用的工具和方法，卻似乎未提昇生存的目的。比如，兩次世界大戰使用高明的科技武器造成的屠殺，比以往的戰爭更殘忍。生化與核子武器的陰影一直威脅著人類，有些河流遭到嚴重污染，森林遭到濫伐，貧困的農民變成大都會的遊民。但社會因資訊科技的進步，變異的更快，舊的問題沒有解決，新的問題已層出不窮。在服務業、資訊業大幅發展的同時，傳統工業等亦在轉變，蛻變出一綠色科技。核能發電科技給工業

社會提供了便捷的電能，但其副產品則是可怕的核廢料及輻射物。又如肥料、農業及殺蟲劑，大幅提高了農業生產力，卻也可能污染了水源及危害了人體的健康。從以上可知，工商業的各種產品，在其生產過程中很有可能產生了各式各樣的固態、液態及氣態的污染物，我們似乎可以感覺科技的發展應用和環境保育之間存在著一些密不可分的關係，以上的一些敘述，好像說科技進步一定帶來環境的惡化，其實並不必然，如果企業主能高瞻遠矚，本著良心和倫理觀念，他們會逐漸去發展綠色科技，這些種種都可以是科技通識課的議題。萊斯特・梭羅[4]在其所著之書－知識經濟時代，提到一不錯的觀念，即改變環境需依賴經濟成長，綠色科技不但不會威脅環境，反而能拯救環境。汽車科技目前最熱門的領域就是燃料電池，太空探險已經運用這項技術，從氫和氧轉變為電力，唯一的廢料是水，如果製作燃料電池的成本可以降到適當的水準，汽車變成既無污染又不需汽油的載運工具，想想汽車造成的污染現象都不見了，豈不也是科技進步帶來的益處，當然這麼做是因有環境倫理觀念的導引。人類由生態的破壞及環境污染，逐漸能體會環境倫理的重要，不過環境倫理的深層議題是人類共同面對地球的生態環境改變，究竟應如何與大自然相處。

四、因應科技發展的新衝擊元智大學之通識教育對策

科技、資本市場與管理是推動全球化的三個主要因素。

---

4 萊斯特・梭羅。知識經濟時代。齊思賢譯。時報出版。2000 年 5 月。

在現今的印度，你會發現廉價的手、眼睛、聲音及大腦在做許多驚人的事：處理保單、替瑞士航空分擔運籌工作，甚至利用衛星傳送影像擔任加州辦公室大樓的保全[5]。此外，像手機的運用可將決策時間延後，對於爭取時間自由度的人有相當的益處。某次聚會，我的許多研究生分兩車去石門吃活魚，事先並未選定任何一家，兩車分別行動，某車找到合適的店再以手機通知另車的同學，這種約定的模式，在若干年前是不可能的，石門賣活魚的店那麼多，事先沒講好確定的地點，到後來就很難再相遇了。手機的妙用不僅此也。在日前，行動電話擁有率增加最多的是在開發中國家，對於某些偏遠地區，鋪設電話線路是很不合經濟效益的。「行動電話」這詞或許有一天會消失，很多年輕人生活漂泊，似乎沒有必要花錢拉電話線了，有線電話與無線電話之間的價格已愈來愈近。十年前，全世界大約只有一千萬隻行動電話，二〇〇四年，全球行動電話應約有十億。行動電話的普及正式宣告了「征服地域限制」（the conquest of location）的時代。法蘭西斯·凱恩克羅司在《經濟學人》期刊稱「距離已死」（the death of distance）的現象已經真實的展現了，造成這現象的重要原因是電腦和電話的高速進步及使用。

　　近年來，許多科技領域發展迅速，人們藉此享受到前所未有的舒適與便捷，強化了人們實用及功利的觀念，十分忽視道德與價值問題。那些科技專家，變成只會製造優良產品或軟體的技術人員，不關心社群與國家、世界等重大問題，

5 約翰·米可斯維特，艾德萊恩·伍爾得禮奇。完美大未來：全球化機遇與挑戰。高仁均譯。商周出版。2002 年 3 月。

事實上也不知道如何去關心這樣的問題，要成為什麼樣的人？什麼樣的生活值得過？這類的問題科技專家大都覺得陌生而不知所措。工程科技造成的倫理問題，探究者已進行一段不算短的時光了，故常可聽到有工程倫理的名稱。資訊科技較新，它造成了目前社會相當多的倫理問題，尚待迫切的探究。如線上交易法律權益認證問題、個人隱私權的確保問題、惡意廣告的文化問題、著作版權的保護問題，還有網路色情與犯罪的防杜等問題，在在皆挑戰人們的生活環境和價值體系，因之，如何在便利的生活空間也尊重個人隱私並維護應有的社會公義，實須有相當新的科技通識觀念。這也是資訊科技給人類社會和文化層面帶來的新課題。至於生物科技帶給人類的課題則是更新穎及更有挑戰性。1980 年名學者 DeVore 提出了科技素養的觀念，並認為科技素養的內涵應包括三個領域：生產（Production）、運輸（Transportation）及通訊（Communication），現在看來至少缺了生物科技（Biotech）。從一隻羊的皮膚細胞竟可以複製出一隻羊，人類對此事震驚萬分，引發了各層面的關注與討論。生物科技如同一把雙面利刃，稍有不慎很容易傷到人類自己的尊嚴，甚至破壞自然的生態系統。生物科技會帶來龐大商機，不過原本屬於我們個人生命尊嚴的資訊與隱私權可能很容易就洩漏了，因為基因資料內容一旦曝光，我們都變成了透明人[6]。國科會曾預測生命科學相關領域技術未來實現時期[7]，其中有

6 吳宗正，何文榮。生命複製。大塊文化。1998 年。
7 賴士葆，謝龍發，曾淑婉，陳松柏。科技管理。國立空中大學出版。
　　1997 年 8 月。

在 2011 年阿耳滋海默氏型痴呆症將變為可以預防，2015 年可以治癒，這對高齡化的社會不能不說是一個重要的信息。

　　元智在工學院時代即提出其教育理念希望把學生教育到圓融（H）、卓越（E）、務實（R）、宏觀（B）的境界，這是一個很具理想性的理念。然而登高必自卑，行遠必自邇，元智大學同仁覺得要達到 HERB 的境界，應先達到 4I 特質，也就是整合化（Integration）、創新化（Innovation）、資訊化（Information）、國際化（Internationalization），再思量下去要達到 4I 可以從 4E 處下手，4E 是什麼呢？即倫理（Ethics）、創業家精神（Entrepreneurship）、電子生活（e-Life）及英文（English），因此面對元智的剛畢業生應該最直接的感受是除了他們的專業不錯外，他們 4E 的能力應該是很明顯的，不過隨著他們在社會上的歷練其 4E 很快可以轉為 4I 特質，有這些良好的特質為基礎，加上終身學習，相信他們終能達到 HERB 的境界，因此元智不僅重視大學教育，大學後的終身教育亦是元智相當強調的。新科技的訓練頂多帶給學生務實卓越的本事，卻無法給學生圓融、宏觀的襟懷。元智的學生由 4E 至 4I 終至 HERB 是本校精心營造培育人才的妙法，希望元智培育的人才可以在社會展露其芳香，對社會人類作出正面的貢獻。一個現代公民回顧過往人類科技的發展，應做什麼樣的省思呢？元智大學以為要能對科技有基本的認識，另外要有科技發展中所蘊育出的科技通識涵養，這涵養包括了對科技本身的基本認識及環境倫理與 4I 的精神，才算是一個合格的世界公民。在這個時代交通運輸發達，如果僅守著狹隘的地域觀，許多事情都會做不下去，人們活動已不

僅是國際化，簡直已到全球化，高科技企業經營若緊守著國內市場，一旦國內市場被外國公司侵入，價廉物美，將何以自保？學校亦然，在台灣加入 WTO 之後，國際間的學術交流勢必更加頻繁，如果一間學校不重視國際化，它本身的形象聲望即不佳，培育出來的人也會不知天高地厚，甚至夜郎自大，因此國際化是非常必要的，國際化的程度和交通運輸是否暢通很有關係。資訊化是時代潮流，通訊在這潮流扮演極重要的角色，不可違抗，許多轉型不及的企業紛紛倒閉，說穿了，其實資訊化與國際化皆是獲取現代科技知識的重要管道，不如此不足以成為地球村的公民。既然有這麼多管道足以擷取知識，集中於工廠或公司，做適當的整合，便可進行生產，另外累積的知識若蘊釀一番，遇到特殊機緣，很容易就激盪出新的創意，這在生物科技的大幅進步中，可作深深體會。人類的文明如果只是受科技產品驅使，結果一定不樂觀，但如果能借由對科技發展的認識，體會到科技的相關議題，包括其本身的介紹及所蘊涵的 4I 精神加上環境倫理等等，那麼人類文明及國家社會的發展，才會是進步與樂觀的。

　　元智大學在 1998 年通識教育受評為績優，在績優群的大學中，本校是最年輕的，創校時間短卻能獲評優良，實屬不易。究其原因是本校通識教育重規劃，制度健全，校方支持，重視教學品質。2005 年又再受評，這回含在校務規劃之內。評審者的意見正面肯定的頗多，評審成績公佈，為表現較佳，評審們對本校通識教育的意見可歸為五點：（1）通識教育涵蓋基礎性與發展性兩方面，而其規劃則分人文藝術、社會科學、自然科學及生命科學四類。學生須於各類中至少

修習一門,總共須修習 12 學分。通識課程之開設須經中心課程委員會及校課程委員會審查核准,顧慮周延,作業嚴謹。整體通識共 32 學分,比例在同組各大學中屬優良。(2)全校課程安排,以通識課程為優先排定。開課多元,科目多,學生選課不致太難。學生對通識課程整體滿意度,在「非常滿意」與「滿意」二項之和超過 94%。(3)通識教育在舉辦演講時,強調多元智能以及倫理教育,對學生人格的陶冶頗有助益。大型通識教育學術研討會之舉辦,頗見成效。(4)配合國際化及就業需求,學生須修滿「通識外語課程」12 學分。「數位英語學習」及「英語檢定」則為必修課程。處處為學生著想的措施,值得稱讚與鼓勵。(5)近年積極改善教師之教學設備及研究空間。總之現況不錯。然而學校要邁向頂尖大學,通識課程重新規劃應是必要的。參考美國哈佛大學通識教育兩次改革的重點,一次為教育大學生如何成為自由社會的公民,另一次為主張加強核心課程。又參考台灣清華大學通識教育最新的改革[8],復參酌本校教育理念-圓融(H)、卓越(E)、務實(R)、宏觀(B)及校園文化現也有了新的草案,未來將謀求共識與再精心設計,務求新的通識教育規劃能因應 BEING 新科技帶給大學教育的衝擊。原來元智通識課程除了共同必修課 20 學分外,12 學分屬四類,學生每類都得選,但每類中課程數目都不少,學生似乎在取自助餐。哈佛和台灣清華是除了自助餐還有套餐,就是核心課程的設計。清華的新規劃共同必修 14 學分,核心通識 6 學分,選修

---

8 王立文。通識教育文史哲課程對話錄。文史哲出版社。2005 年 12 月。

通識 10 學分。本校的新規劃共同必修 20 學分，核心通識 6 學分，選修通識 6 學分。本校因強調外語在共同必修多了 4 學分，本校廣義的通識共 32 學分，清華爲 30 學分。

　　元智在必修課將與眾不同的是把「經典五十」列入必修。現代青年學子的寫作及論述表達能力有很大的改進空間，經典研讀是最能改善閱讀者的寫作及論述能力的，不少作家、演說家皆是因年少時大量閱讀造就出來的。大量閱讀和良好的寫作與演說表達能力幾乎是個因果關係，閱讀不足之人寫作乏善可陳，甚至文筆通順皆成問題，要作一場精采的演講便是高難度的事，但對經常閱讀之人，寫作和良好的的論述表達如反掌折枝之易。現代的年青人對同年齡層的人溝通工具極其便利，但他們和不同年齡層的人溝通的問題，主要不在工具而在內涵，代溝的情況極爲嚴重，除了大人不斷要主動去瞭解青年人的想法，似乎亦因爲年青人讀經典太少，因此也就沒辦法瞭解上一代、二代、三代的想法，於是乾脆相應不理。年紀大的人固然不擅於使用新的溝通工具造成一些溝通的障礙，另外更嚴重的溝通障礙其實是在內涵上，年青人經典讀的太少，其實很難了解古人的智慧，甚至老一輩人的經驗傳承亦大有困難，對於文字的運用以及思考的深度都有極深的影響。年青人不是不願和長輩溝通，而是長輩們提供的教育中缺乏了經典，造成了今日這種溝通不良的世代關係，元智大學爲了彌補這時代缺陷，故而要大力推動元智「經典五十」。

　　元智未來的通識核心課程將分成三大向度：一、圓融二、卓越　三、宏觀，這三向度與本校教育理想吻合。圓融

向度含美善情操，可有藝術賞析、應用倫理學等課；卓越向度含思想方法，可有批判思考、創新思維等課；宏觀向度含生命與生態之探索，可有生態環境與全球變遷、世界文化遺產等課。核心課程和通識選修不同之處是其每一向度僅開 2 門課，課程內含非常精實，學生可在這三大向度中每向度任選一門課。

五、結　論

　　哲學家海德格以為西方近代以來的科技發展已造成許多弊病[9]這些弊病追根究底都出自人的宰制傾向，像環境污染、生態平衡遭破壞、能源危機…等乃出自人濫用科技來宰制自然。一位物理學家沃爾夫[10]寫了一本書叫靈魂與物理，他憂心地表示人類不停地製造出節省勞力的工具，機器愈來愈複雜精巧，電腦愈變小，這些人類思想的產物正逐步取代設計者的地位，許多人常坐著發呆，無聊地用電視節目打發時光。分類的科技發展研究造成分割、分立，相互不了解是以往科技帶來的弊病，這時就應藉著人文、藝術、哲學等來彌補割裂、化約、緊守自己堡壘的現象。不過最近科技界開始探討渾沌現象[11]與複雜性科學[12][13][14]，這種重視整體的科學

9　沈清松。現代哲學論衡。黎明文化事業。1994 年 10 月。
10　沃爾夫。靈魂與物理。呂捷譯。台灣商務出版。1999 年。
11　葛雷易克。渾沌：不測風雲的背後。林和譯。天下文化出版。1991 年 7 月。
12　沃德羅普。複雜。齊若蘭譯。天下文化出版。1994 年 11 月。
13　斐傑斯。理性之夢。车中原、梁仲賢譯。天下文化出版。1991 年 7 月。
14　彭新武。複雜性思維與社會發展。中國人民大學出版。2003 年 3 月。

在自然界、社會組織裡面發現共通的學問，這種的科技背後
的哲學，若不論學科學的、學人文社會的人都能做一些起碼
的認識，增長一些整體性的思維智慧，對人類的共榮共存會
有相當的助益。911 事件和倫敦大爆炸就是人類不同的團體
各堅持己見，自以為是，互不相讓所造成的，科技的化約主
義給人類帶來局部性精緻的聰明與繁榮，然而卻有見樹不見
林的弊病，具整合性的複雜科學或人文科技有適度的整合才
能讓人類見到整個樹林而有整體宏觀的智慧與和諧。儘管新
科技如：生物科技（Biotech）、電子資訊科技（Electronics,
Information）、奈米科技（Nanotech）及綠色科技
（Green-tech），這四項新科技可以簡寫為 BEING，它們皆如
排山倒海而來衝擊著人類社會，人們應本著覺知清醒的人生
態度[15]，注重 4I 精神、環境倫理及適當的科技、人文素養，
社會方不致失序而能穩當前進。

　　經本人與台大黃俊傑教授討論後之共識是從〝Being〞之
發展導致人類生活之變遷，原來是為改善人類之生活而言，
故可說 Being for Becoming。但是 Becoming 是一種
double-edged sword（雙刃之劍），它可以導致善的結果及惡
的結果。如何使新科技的 Becoming 之本質引導至向善目的？
大學在新科技人才培育過程中的角色應由求真到求善，責任
則由從科技之訓練工廠到轉化成為教化的機構，引導學生道
德生命成長。在課程方面之調整應注意各種科技課程均融入
人文關懷與倫理內涵，要有〝以人為本〞的科技課程設計。

---

15 克里希那穆提。生命之書。胡茵夢譯。心靈工坊。2005 年 5 月。

基於以上的敘述，元智大學開有如后的課程[16]：環境保護規劃概論、環境與生態、全球變遷導論、自然資源與環境保護、工程專業倫理、網路資源運用與倫理規範、科技發展史、生命倫理學這些觸及了國際化、資訊化、整合化和倫理的議題。至於創新化，則有自然科學講座與生命科學講座來帶動。其餘的科技通識則偏向介紹科技本身的科普，如地球科學概論、天文學漫談、DNA 的基礎認識、生物學概論、醫學工程概論等。在通識課程學分中，未來有些是共同的（元智有二十學分），如本國語文、英文、歷史、經典教育，學生常被要求必修，另外則是選修的。但這些選修課目亦有分類，在元智就分自然科學、生命科學、社會科學、人文藝術四類。元智有十二學分這些方面的課程，學生被要求在這四類中，每類至少選一科，五年前只有自然科學、社會科學、人文藝術三類，在四年前通識課程改革時，加上生命科學類，從此生命科學類的科目在通識課程中逐年增加，比例上一路攀爬，未來這十二學分有六學分要給核心課程使用。

　　至於元智爲什麼與眾校不同，要推經典教育，顧名思義，經典一定是經過或經得起時間考驗的作品，一般人喜歡看流行的暢銷書，這些暢銷書常常一兩年後即被另一批暢銷書所取代，能夠歷久彌新之書，必有過人之處，從經典之作常可體會作者偉大的心靈。不單是從論語、孟子、莊子、道德經中可體會其中偉大的教誨，就連紅樓夢、莎士比亞戲劇這些名著，它們對人性的了解與刻劃，真是令人嘆爲觀止，

---

16 王立文，孫長祥，仲崇親。倫理與通識。文史哲出版社。2005 年 12 月。

無論是因心靈感通可以受益，就是能體會作者寫作的技巧也會受益匪淺，在許多趕時髦寫些火星文時，若能寫一手典雅的文章反屬難能可貴，對於日後工作及思考創作也會有所助益。目前和多位學者研商後已提出元智經典五十的書單，這書目大約可分幾類，一是華人的古代經典如論語、孟子、道德經等。二是古典小說如紅樓夢、西遊記、水滸傳等。三是西洋或俄國小說如飄、異鄉人、戰爭與和平等。四是宗教經典如六祖壇經、聖經、可蘭經。五是和社會、經濟和管理相關的名著如國富論、人口論、君王論等。六是科學類的名著如進化論、相對論入門、（DNA）雙螺旋等。這樣的設計考慮了學生的多元性及多元的需求，此書單還可以再修改，甚至校內各院系也許亦可增加百比之二十的書單以便做適切的安排，不過提供之書的水準應要不下於此書單之書。元智提出「經典五十」的說法，其實不意味學生要讀五十本經典，而是校方提出五十本適合大學生的經典，同學再於其中選讀。也許用五十個 credits 的想法會比較容易落實，比方說我們把經典分為 A、B、C 三類，這分類並不是以書中內涵的價值而分，純粹是以學生要精通它所需花的精力來分，A 類經典一本 10 個 credits，B 類經典一本 5 個 credits，C 類經典一本 2.5 個 credits，如果一個學生看完五本 A 類經典，基本上他就滿足了學校的要求。另外的做法，他可以看 20 本 C 類的經典，也可以完成 50 個 credits。只要組合到最後，有 50 個 credits 就算過關，如此學生平均可以看完十幾本名著，元智學生的經典水準或許就可以差強人意，亦算一個具有文化素養的人了。

　　在人類科技發展的演進中，自然環境受到災害已是眾所目睹之事，有志之士提倡綠色科技與環境倫理亦時有所聞。唯環境不只是自然環境，人文環境亦非常重要，資訊科技和生物科技大幅變動了人文環境，造成人類憂鬱症等病氾濫，恐怕正是高等教育面臨的新課題。在教育的過程中，大學應設法使學科技的學生有足夠的人文經典的素養，學人文社會學科的學生有足夠的科技素養，將來的社會才會是一個有希望的社會，個人生命的潛能也才可以較完整順暢地開發出來。